Claudia Graber · Henri Suter

Schneckenbekämpfung
erfolgreich und dauerhaft

Kosmos

Eine Rote Wegschnecke nimmt pro Tag etwa 5 g
Nahrung zu sich.

Die Großen Wegschnecken – hier *Arion rufus* –
sind echte „Wandervögel".

Inhalt

4

Lebensweise und Schneckenporträts

Faszinierendes Schneckenleben

Nehmen wir eines vorweg: Schnecken sind nicht nur hinterlistige Schleimer! Ihre Aufgabe in der Natur erfüllen sie bestens. Aber sie haben auch schwache Seiten, und das machen wir uns zunutze.

Paarung der Weinbergschnecken (links). Der Anfang vom Ende? Die Große Wegschnecke legt bis zu 200 Eier.

Im Gänsemarsch zum Kopfsalat und den Studentenblumen?

SCHNECKEN SEIT ÜBER 500 MILLIONEN JAHREN

Die Schnecken gehören zu einem der ältesten und artenreichsten Tierstämme in der Entwicklungsgeschichte der Erde, zu den Weichtieren oder Mollusken. Fossilienfunde der ältesten bisher bekannten Schnekkenform datieren aus dem Kambrium vor 540 bis 450 Millionen Jahren. Die ursprünglichen Arten waren allesamt Meeresbewohner. Dank vieler Anpassungsleistungen und Spezialisierungen entstanden über hunderttausend Schneckenarten. Sie besiedeln heute die verschiedenartigsten Lebensräume und Zonen der Erde.

Die stammesgeschichtliche Entwicklung vom Meer- zum Landleben dauerte Jahrtausende und erfolgte in verschiedenen Schritten: Zuerst als Tagesausflügler an den Meeresküsten, später immer mehr als Stamm-

Eingedeckelte Weinbergschnecke

So ruht die Weinbergschnecke. Doch wehe, ihr nächster Ausflug führt sie zum keimenden Schnittsalat.

gäste während gewisser Lebensabschnitte, eroberten sich die Schnecken schließlich das Land mit seinem reichhaltigen Futterangebot. Allein in Europa zählen wir heute über 2000 verschiedene Arten von Landschnekken. Vom guten Anpassungsvermögen zeugen die verschiedenen Schneckenformen: Die Hauseigentümer, wie zum Beispiel die Weinbergschnecke, im Gegensatz zu den auf Mietwohnungen angewiesenen

Nacktschnecken – die ursprünglichen Waldbewohner im Gegensatz zu den ins Agrarland ausgewanderten Ackerschnecken.
Als Gärtnerinnen und Gärtner oder als Bäuerinnen und Bauern interessieren uns an dieser Stelle insbesondere die Schneckenarten, die als sogenannte Kulturfolger gelernt haben, in offenen Flächen zu leben; diejenigen, die sich nicht mehr in Wald und Gebüschen aufhalten, sondern

sich in bearbeiteten Feldern und Gärten wohlfühlen. Dabei handelt es sich zum Glück nur um wenige Arten. Und diese sind nützlich wie alle Schnecken: Sie fressen Aas sowie alte, kranke oder zumindest geschwächte Pflanzen. Sie verhindern demnach den Ausbruch von Krankheitsepidemien, und sie sind gleichzeitig ein wichtiges Glied im Nährstoffkreislauf – ihr Kot ist ein hochwertiger Dünger! Die an die Verhältnisse im Garten angepaßten Nacktschneckenarten finden als Gesundheitspolizisten ein besonders reichhaltiges Futtersortiment: standortfremde oder überdüngte Pflanzen, beim Auspflanzen verletzte Setzlinge und dazu der Komposthaufen, wo laufend frische Küchen- und Gartenabfälle angeliefert werden. Wen wundert es also, daß die Schnecken zum Dauerfraß motiviert sind und entsprechend Nachkommen produzieren?

ERST KENNEN-LERNEN, DANN ÜBERLISTEN

Trotz Frust und Ärger macht das Morden im Gartenbeet mit Schneckenkorn, Salz oder Schere keinen Spaß und ist auch keine Lösung auf Dauer. Denn die Schnecken kommen – unter ande-

rem vom Aas ihrer Artgenossen angelockt – immer wieder, von überall her. Lernen wir also unsere Gegenspieler zuerst kennen. Machen wir uns dieses Wissen zunutze, indem wir die Schnecken fortan im Garten nicht glücklich, sondern unglücklich machen. Unzufriedene Schnecken verlassen den Garten und suchen ihr Glück in der Nachbarschaft.

Tagsüber finden wir die Schnecken schlafend an feuchten Stellen.

Wasser – das Lebenselexier

Eine Schnecke besteht zu etwa 85 Prozent aus Wasser. Ihre Haut schützt sie aber nicht vor Verdunstung der Körperflüssigkeit, im Gegenteil. Sie besteht aus Hautzellen, die sehr schnell Wasser abgeben, aber auch sehr schnell wieder Wasser aufnehmen können. Die Gehäuseschnecken haben dieses Problem optimal gelöst: Bei Trockenheit ziehen sie sich Kopf voran in ihr Haus zurück. Das Sohlenende wird zur Gehäuseöffnung hin umgeschlagen und die „Tür" von innen mit einem Trockenhäutchen, im Winter mit einem Kalkdeckel, abgedichtet. Die Nacktschnecken hingegen sind ständig der Gefahr des Austrocknens ausgesetzt und müssen also ständig Wasser „nachfüllen". Dies geschieht über die Nahrung, vorwiegend aber über die Haut. Solange im engeren Umfeld eine genügend hohe Feuchtigkeit herrscht, kann eine Schnecke relativ lange ohne feste Nahrung überleben, ohne Wasser dagegen stirbt sie innerhalb kurzer Zeit. Ein feuchter Unterschlupf steht deshalb in ihrer Rangliste der „Lebensqualität" ganz oben, noch vor dem so verlockenden Kopfsalat im Garten.

Fortbewegung – eine schleimige Angelegenheit

Will eine Schnecke vorwärts kriechen, scheidet sie aus einer großen Drüse am vorderen Sohlenende Schleim aus, den sie mit dem Körper fortlaufend abplattet und auf dem sie gleitet. Einzellige kleinere Drüsen, die über die ganze Sohle verteilt sind, unterstützen diesen Vorgang durch Abgabe eines

Die Artistin hat Futter gefunden – bravo!

Eine Weinbergschnecke legt Eier in eine schützende Erdhöhle.

und Freßplatz. Sobald es einige Tage lang trocken und warm ist, darf die Distanz zwischen einem feuchten Unterschlupf und den Salaten, den Blumen und dem Gemüse nicht mehr zu groß sein, sonst wird der Wanderweg zum extremen Risiko. Optimal haben es die Schnecken, die sich ihre Wohnstätte gleich in einem schmackhaften Salatkopf eingerichtet haben! Das aber werden wir künftig nicht mehr zulassen, sondern für eine möglichst große Wegstrecke zwischen Unterschlupf und Futterquelle sorgen. Die Schnecken unglücklich machen? Schon ist eine sehr wichtige Möglichkeit entdeckt!

etwas weniger zähflüssigen Sekrets. Auf diese Weise entsteht die typische und verräterische Kriechspur.

Der Sohlenschleim besteht zu 98 Prozent aus Wasser. Kriechen heißt demnach Wasserverlust. Und dieser kann erheblich höher sein als derjenige, der durch die Verdunstung über die Haut entsteht. Die Großen Wegschnecken sind allerdings dazu in der Lage, den Schleim teilweise wieder zu resorbieren (Schleimkugel am Körperende).

Für die Fortbewegung ist selbstverständlich auch Muskelarbeit notwendig:

Längs- und Quermuskeln umgeben die ganze Bauchhöhle und erzeugen koordinierte, wellenförmige Bewegungen, die den ganzen Körper durchlaufen und zur Vorwärtsbewegung führen. Eine spezielle Fähigkeit haben einige Schneckenarten, wenn sie sich „verklettern" und plötzlich vor dem Abgrund stehen. Mittels eines selbstproduzierten Schleimfadens lassen sie sich elegant zu Boden gleiten.

Wo fressen, wo schlafen?

Ein Dauerproblem ist für die Nacktschnecken die Distanz zwischen Schlafplatz

Den Wanderweg gestalten

Die optimale Umgebungstemperatur für das Aktivsein der Schnecken liegt zwischen 15 und 20 Grad Celsius. Über 20 Grad wird der Schleim schnell zähflüssig,

Nacktschnecken bei Paarung

Ihre starke Raspelzunge zerlegt das feine Futter.

und das Kriechvermögen der Schnecken nimmt ab. Wichtig ist aber auch die Beschaffenheit der Unterlage. Ein trockener, saugfähiger Boden entzieht dem Schleim das Wasser und vermindert die Gleitfähigkeit. Die Schnecken kalkulieren in jedem Falle sehr genau: Reicht mein Wasservorrat? Wenn nicht, heißt es: Stopp, umkehren, solange es noch zurück reicht. Die Tiere haben das im Griff – wir nun aber auch. Denn da kommt uns doch sofort die Idee, im Zugang zum Gemüsegarten ein Hindernis zu legen – zum Beispiel einen Streifen Boden mit besonders saugfähigem Material bestreuten, das den Schnecken viel Schleim entzieht und sie zur Umkehr veranlaßt.

Umwelteinflüsse und Ernährung

Bei den Landschnecken befinden sich die Augen an den Fühlerspitzen. Die Sehzellen sind an sich sehr gut ausgebildet, aber da die Pupillen klein sind, ist das Auflösungsvermögen schlecht: Die Schnecken können nur Hell-Dunkel-Kontraste wahrnehmen. Weit wichtiger ist für sie der Geruchssinn. Die Riechzellen sitzen ebenfalls vorwiegend in den Fühlern. Befindet sich eine Große Wegschnecke auf Delikatessensuche, hebt sie ihren Kopf vom Boden ab und bewegt die Fühler lebhaft hin und her.
Weitere sogenannte Kontaktzellen sind über den ganzen Körper verteilt. Sie finden sich im Fußsaum, in den Tentakeln und in den Mundlappen. Die Schnecken registrieren also mit ihrem ganzen Körper, was in ihrer Umgebung so alles duftet. Zum Beispiel fühlen und riechen sie auch den

Große Wegschnecke auf mutiger Klettertour!

Regen. Wenn da am Abend ein Sprinkler in Aktion ist, kommt gewaltig Stimmung auf! Dasselbe gilt für die Temperatur. Günstig für das Verlassen des Unterschlupfes sind, wie bereits erwähnt, Temperaturen zwischen 15 und 20 Grad Celsius, vorausgesetzt, die Umgebungsfeuchtigkeit stimmt.

Die Strecke, die zurückgelegt werden kann, und die

Da kommen alle Tiere hervor. Allerdings nicht während des Schauers, sondern kurz danach. Dieses Verhalten liegt vermutlich an der Empfindlichkeit der Fühler oder an der verminderten Geruchsaufnahme.

Wasser, Licht und Wärme
Wer sich die Zeit nimmt, beobachtet und sich etwas in die Schneckenhaut hineinversetzt, wird bald fest-

Hübsch und rein wie Perlen: Eier der Nacktschnecken

Die kleinen Eilarven sind niedlich, wenigstens solange sie noch nicht an den Blumen und am Gemüse sind.

Dauer des Fernbleibens vom Unterschlupf werden zum einen zwar von der Temperatur, vor allem aber von der Feuchtigkeit bestimmt. So kann es vorkommen, daß die Schnecken bei kühler, aber nasser Witterung auch mitten am Tag auf Futtersuche sind. Ein Gewitter nach einer Trockenperiode wirkt wie der Sprinkler.

stellen: Der Aktivitätsrhythmus der Schnecken richtet sich genau nach den drei obengenannten Faktoren. Hier werden wir mit den Strategien für eine wirksame Regulierung ansetzen. Die Schnecken sind Meister im Kalkulieren – machen wir ihnen einen Strich durch ihre Rechnung: Keine Schlupfwinkel im Garten-

beet; gießen nur am Morgen; saugfähiges Material zwischen Unterschlupf und Beete streuen.

Fortpflanzung und Entwicklung
Die bei uns heimischen Landschnecken sind Zwitter, das heißt zugleich Männchen und Weibchen. Die Anlagen der männlichen und der weiblichen Geschlechtsorgane sind zwar da, aber die Geschlechtsphasen laufen zeitlich getrennt ab. Die Tiere sind zu-

Eilarven der Weinbergschnecke – bereits mit Haus!

DIE IN ZENTRALEUROPA WICHTIGSTEN SCHNECKENFAMILIEN

Familie	Merkmale	Wichtigste Arten
Wegschnecken (Arionidae) 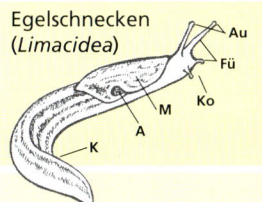	▶ Atemloch vor der Mitte des Mantelschildes ▶ Körper eher gedrungen ▶ Bewegungen träge und relativ langsam ▶ ohne Kiel ▶ mit Fußsaum	Große Wegschnecken (Arion ater, Arion rufus, Arion lusitanicus) Gartenwegschnecken (Arion-hortensis-Komplex, Arion intermedius)
Egelschnecken (Limacidea)	▶ Atemloch hinter der Mitte des Mantelschildes ▶ Körper ausgestreckt und schlank ▶ Fortbewegung kann sehr schnell sein ▶ Kiel bis Mitte Rücken	Große Egelschnecke Gelbe Egelschnecke (Limax flavus) Ackerschnecken (Deroceras reticulatum, Deroceras agrestis)
Hain- oder Schnirkelschnecken (Helicidae)	▶ Gehäuse Cepaea 1 bis 2 cm, Helix bis 5 cm ⌀, gedrückt kugelförmig ▶ Gehäuse meist hell mit dunklerer Bänderung, Form und Ausprägung je nach Art stark variierend	Hain- und Gartenbänderschnecke (Cepaea nemoralis und hortensis) Weinbergschnecke (Helix pomatia) Gefleckte Weinbergschnecke (Helix aspersa)

Körperteile der Nacktschnecken: A = Atemloch, M = Mantelschild, K = Kiel, F = Fußsaum, Fü = Fühler, Au = Augen, Ko = Kopf mit Raspelzunge

erst männlich und bilden Keimzellen aus. Bei der Paarung werden die Samen zwischen zwei Partnern in der männlichen Phase ausgetauscht. Das Vorspiel und die anschließende Paarung können Stunden dauern. Erst nach der Paarung setzt die weibliche Phase ein, während der die Eier reifen. Sie werden mit den vom Partner aufgenommenen und im Körper gespeicherten Samen befruchtet. Je nach Art und Umweltbedingungen benötigen die befruchteten Eier zur Reifung zwei bis zehn Wochen. Vor der Eiablage wird eine Art Nesthöhle gesucht, ein Gang eines anderen Tieres, Ritzen etc., oder eine Grube selbst gebaut.

Die im Garten wichtigen Arten legen die Eier meist nicht einzeln, sondern in Gelegen mit - je nach Art - bis zu 200 Eiern. Die Entwicklung der Eilarven dauert - einmal mehr abhängig von den klimatischen Verhältnissen - unterschiedlich

lange. Im Sommer schlüpfen die Jungschnecken nach zwei bis vier Wochen. Im Herbst abgelegte Eier überwintern, und die Jungtiere schlüpfen erst nach Monaten.

Stets bleiben die jungen

Die alten Tiere würden wir lieber nicht kennen!

Schnecken einige Tage in der geschützten Umgebung des Eigeleges. Auf Nahrungssuche gehen sie, sobald sie etwas widerstandsfähiger geworden sind.

DIE WICHTIGSTEN SCHNECKENARTEN

DIE GROSSEN ROTEN WEGSCHNECKEN

Diese großen rotbraunen Schnecken dürften als die gefräßigsten unter den Schadschnecken wohl bekannt sein. Die Körperlänge der ausgewachsenen Tiere beträgt im Durchschnitt immerhin etwa acht Zentimeter.
Der Einfachheit halber verwenden wir zur Bezeich-

Im Jugendstadium erkennen wir die Großen Wegschnecken an den dunklen seitlichen Bändern.

nung dieser Tiere den Begriff „Große Wegschnecken". Wissenschaftlich ist dies nicht korrekt, denn es handelt sich um mindestens drei Arten, die mit bloßem Auge allerdings nicht sicher

zu unterscheiden sind:
• die Große Rote Wegschnecke – *Arion rufus*,
• die Große Schwarze Wegschnecke – *Arion ater*
• und die Spanische Wegschnecke – *Arion lusitanicus*.

	Jan.	Feb.	März	April	Mai	Juni	Juli	Aug.	Sept.	Okt.	Nov.	Dez.
Eier												
Jungtiere												
Adulttiere												

Lebenszyklus der Großen Wegschnecke. Mögliche Abweichungen sind gestrichelt dargestellt.

Da das Verhalten dieser Tiere ähnlich ist, spielt es in unserer Regulierungsstrategie keine Rolle, zu welcher Art der jeweilige Übeltäter gehört – zur Unterscheidung bräuchte es zudem eine zoologische Sonderausbildung.

▶ **Verbreitung und Lebensräume:** Alle drei Arten bevorzugen Wald mit Unterwuchs (Kräuter), Gehölze, Hecken, Böschungen und Wiesen als Lebensraum; stets feuchte Biotope also, die in erster Linie als Unterschlupf geeignet sind, bei Trockenheit aber auch „Notfutter" bieten.

Unsere einheimischen Grossen Wegschnecken *Arion rufus* und *Arion ater* sind mit der Zeit von den ursprünglichen Lebensräumen aus immer mehr auch in die Kulturflächen eingewandert. Hier bekommen sie nun aber seit etlichen Jahren Konkurrenz von der Spanischen Wegschnecke, die eigentlich in Südeuropa (Portugal) beheimatet ist. Sie wurde wohl mit Gemüseimporten in unsere Breitengrade eingeschleppt. Als „Südländer" sind diese Tiere besser an Trockenheit angepaßt als die einheimischen Arten. Sie breiten sich deshalb stark aus und scheinen die einheimischen Arten zunehmend aus den offeneren Kulturflächen zu verdrängen. Biologen vermuten gar,

daß diese nun vom Aussterben bedroht sind.

▶ **Erkennungsmerkmale:**
Die ausgewachsenen Tiere variieren in ihrer Färbung von orangerot über rotbraun (*Arion rufus*), schmutzigbraun (*Arion lusitanicus*) bis fast schwarz (*Arion ater*). Die Haut ist grob runzelig, mit Ausnahme des Mantelschildes, der gut an der feineren Haut zu erkennen ist. Das Atemloch liegt seitlich auf der rechten Seite, deut-

Die jungen Schnecken sind zuerst hell und fast durchscheinend. Nach und nach entwickelt sich eine intensivere Färbung von graubraun bis rotbraun, seltener auch gelblich oder gar grünlich, je nach Art mit einer dunkleren Seitenbinde.

▶ **Entwicklung:** Die Großen Wegschnecken bilden in Mittel- und Nordeuropa nur eine Generation pro Jahr. Aus den früh im Herbst in Ritzen und Höhlen abgeleg-

Sie fordert uns heraus! Erhobener Kopf, Antennen auf Empfang, direkt vom Schlafplatz zum Kopfsalat!

lich vor der Mitte des Schildes. Der Fußsaum ist meist anders gefärbt als der übrige Körper.

Die Eier der Großen Wegschnecken sind rund bis leicht oval, kalkweiß gefärbt (nicht durchsichtig), mit einem Durchmesser von etwa drei Millimetern.

ten Eiern schlüpfen die Jungtiere schon vor Wintereinbruch, die anderen erst im Frühjahr zwischen März und April.

Nach etwa fünf Monaten sind die Schnecken geschlechtsreif. Die Paarungszeit liegt zwischen August und Ende September. Diese

Schwarz mit orangefarbener Sohle – die Gartenwegschnecke

lange Periode gibt Gewähr, daß die Tiere für den großen Moment sicher einen lauschigen, feuchtwarmen Abend finden, denn die Paarung selbst dauert einige Stunden. Oft liegen an solchen Abenden Dutzende von Schneckenpärchen eng ineinander verschlungen in Wiesen, an Heckenrändern oder eben im Garten. Bis zur Eiablage dauert es nun noch drei bis fünf Wochen.

▶ **Verhalten und Ernährung:** Mit Ausnahme der frisch geschlüpften Jungtiere, die zunächst noch unterirdisch leben, sind die Grossen Wegschnecken vorwiegend an der Bodenoberfläche aktiv. Tagsüber und bei Trockenheit leben sie an feuchten, schattigen Orten. Da sie relativ groß sind und nicht graben können, finden sie im Boden kaum Schutz

vor dem Vertrocknen und ziehen sich deshalb unter Büsche, Stein- und Holzhaufen zurück. Von da aus unternehmen die Allesfresser vorwiegend nachts Ausflüge zu den interessanten Nahrungsquellen. Für Aas sowie schwache und verletzte Pflanzen haben sie eine Vorliebe.

▶ **Wandern, fressen, Kinder kriegen:** Die Großen Wegschnecken sind echte „Wandervögel". Die Ergebnisse unserer mehrjährigen Untersuchungen zeigen auf, daß verschiedene Gründe zur Wanderung veranlassen: Die Jungtiere bleiben zunächst zusammen in der schützenden Umgebung, danach verteilen sie sich in alle Richtungen. Ein weiterer Grund zur Ausbreitung ist das Bedürfnis nach einer großen Vielfalt auf dem

Speiseplan. Besonders nach einer Trockenperiode treibt die Lust nach unterschiedlichen „Häppchen" die Schnecken in alle Ecken. Stark ist der Wandertrieb zudem während der Zeit der Paarung. Das Erschließen neuer Lebensräume dient auch dem Schutz vor Inzucht – die nächste begattungsfähige Schnecke könnte ja der Bruder sein.

DIE GARTEN-WEGSCHNECKEN

Wir können es den Wissenschaftlern nicht verübeln, daß sie bunten Käfern oder Schmetterlingen mehr Aufmerksamkeit widmen als den schlüpfrigen Schnecken. Deshalb wissen wir auch bei *Arion hortensis*, der Gartenwegschnecke, nicht immer, ob wir jeweils nur eine Art oder die Vertreter mehrerer Arten von unseren Bohnenkeimlingen ablesen. Mit Ihrem Einverständnis setzen wir uns über diesen Punkt hinweg, in der Annahme, daß auch Sie den Schneckenfraß nicht mittels lateinischer Artennamen erklären wollen.

▶ **Verbreitung und Lebensräume:** Die Gartenwegschnecken sind in ganz West-, Zentral- und Südeuropa verbreitet. Sie sind Kulturfolger und bevorzugen – wie es ihr Name andeutet – Gärten und Äcker als Lebensraum.

▶ **Erkennungsmerkmale:** Die ausgewachsenen Tiere sind in der Regel 2,5 bis 3 Zentimeter, selten bis zu 4 Zentimeter lang. Der Rükken ist nahezu schwarz und weist zwei blauschwarze oder graubraune Seitenbinden auf, die hellgrau abgegrenzt sind. Die Sohle ist gelblich bis kräftig orange gefärbt. Oft ist sogar der Schleim leicht gelb pigmentiert. Von der Form des Rumpfes her sind die Gartenwegschnecken den Großen Wegschnecken ähnlich, das Atemloch liegt ebenfalls seitlich vor der Mitte des Mantelschildes. Die Eilarven sind beim Schlüpfen zwei bis drei Millimeter lang und durchscheinend. Schon nach einigen Tagen nehmen die Kleinen eine Farbe zwischen Hell- und Dunkelgrau an.

▶ **Entwicklung:** Die Gartenwegschnecken bilden eine Generation pro Jahr. Da sie weniger kälteempfindlich sind als andere Arten, bedeutet der Winter nicht vollständige Inaktivität. Die Tiere legen ihre Eier in der Regel Anfang Winter (November) bis im Frühling in kleine Erdhöhlen oder noch lieber an Pflanzenwurzeln. Sie sind hier gut geschützt, und die Jungschnecken finden sofort nach dem Schlüpfen Nahrung. Ein Gelege besteht aus 10 bis 50 durchsichtigen, stecknadelkopfgroßen Eiern. Die Jungtiere sind oft in der Morgendämmerung unterwegs – jedoch nicht auf den Pflanzen, sondern meist an oder unter der Bodenoberfläche. Wegen ihrer grauen Tarnfarbe und geringen Größe sind sie kaum sichtbar. Erst im Herbst sind die Tiere schließlich ausgewachsen und geschlechtsreif.

▶ **Verhalten und Ernährung:** Die Gartenwegschnecken leben vor allem im Boden. Nur bei feuchter Witterung kriechen die Tiere auch auf Pflanzen, am häufigsten im Spätsommer und Herbst. Größere Wanderungen machen die kleinen schwarzen Tiere nicht. Bei Trockenheit ernähren sie sich von den Wurzeln und Knollen im Boden.

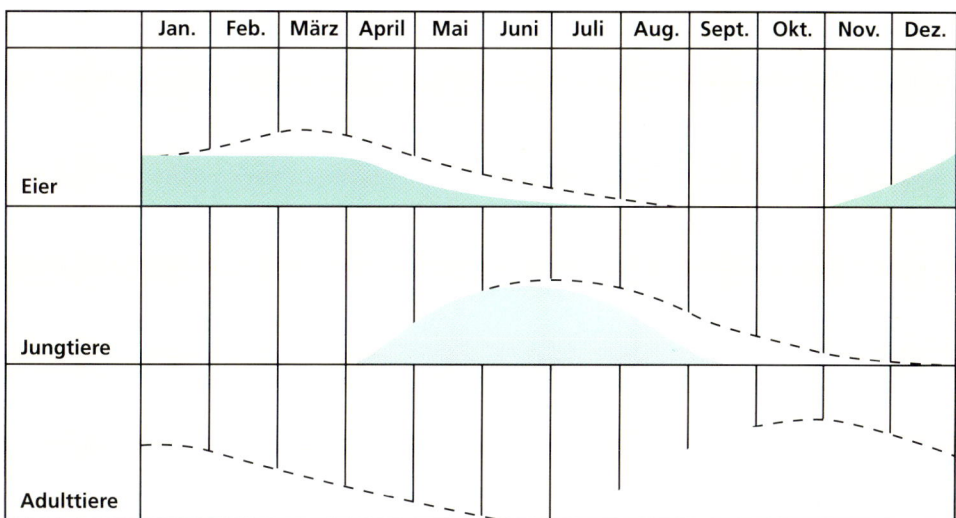

Lebenszyklus der Gartenwegschnecke. Mögliche Abweichungen sind gestrichelt dargestellt.

Wer die Ackerschnecken im Frühling vor der Eiablage erwischt, hat mit ihnen im Sommer wenig Probleme.

Taunässe reicht für einen Abstecher an die nächstliegende Pflanze.

DIE ACKERSCHNECKEN

Die Wissenschaft vergebe uns, wenn wir auch bei der Ackerschnecke oder, genauer, der Ackernetzschnecke (*Deroceras reticulatum*) auf eine Abhandlung des Artenkomplexes bewußt verzichten.

▶ **Verbreitung und Lebensräume:** Die Ackerschnecken sind über ganz Europa verbreitet und hier vermutlich sogar die am häufigsten vorkommenden Nacktschnekken. Sie bevorzugen Lebensräume im Kulturgelände wie Gärten, Äcker und Wiesen. In der Landwirtschaft sind sie die am meisten gefürchtetsten Schadschnecken.

▶ **Erkennungsmerkmale:** Ausgewachsene Tiere messen meist zwischen drei und fünf Zentimetern. Ihre Farbe ist unauffällig hellbraun, gräulich bis leicht gelb. Mehr oder weniger ausgeprägt ist die dunklere, netzartige Zeichnung auf

dem Rücken. Die Haut ist wenig gerunzelt, der Mantel zeigt die feine Struktur eines Fingerabdruckes, und das Atemloch liegt seitlich hinter der Mitte.

Die Ackerschnecken sind sehr wendig und schnell. Das Körperende läuft spitz aus und weist einen ausgeprägten Kiel bis etwa zur Rückenmitte auf – stromlinienförmig, würde man meinen, aber so schnell sind die Tiere nun auch wieder nicht, daß ihnen das sehr hilft.

Die frisch geschlüpften Eilarven sind winzig klein, beinahe durchsichtig und mit bloßem Auge kaum wahrzunehmen. Ebenso unauffällig sind die nur ein bis zwei Millimeter großen, durchsichtigen Eier, die in Gelegen von 10 bis 15 Stück an Pflanzenwurzeln oder in

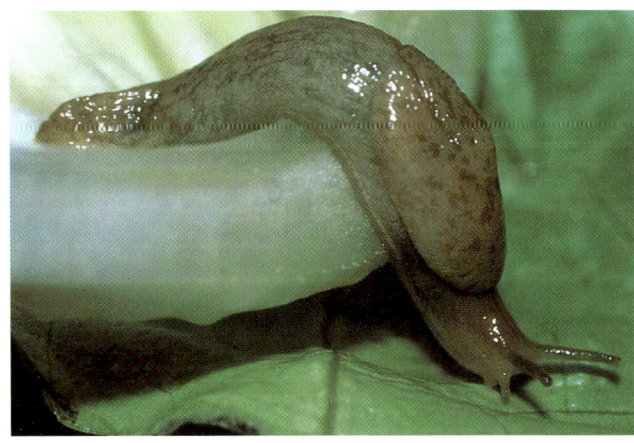

Die genetzte Ackerschnecke ist hell braungrau mit Rückenkiel.

	Jan.	Feb.	März	April	Mai	Juni	Juli	Aug.	Sept.	Okt.	Nov.	Dez.
Eier												
Jungtiere												
Adulttiere												

Lebenszyklus der Ackerschnecke. Mögliche Abweichungen sind gestrichelt dargestellt.

Bodenritzen abgelegt werden.

▶ **Entwicklung:** Normalerweise leben die Ackerschnecken bis zu einem Jahr und bilden in dieser Zeit eine Generation aus. Die Jungtiere schlüpfen im April/Mai aus den im Winter, meist aber erst im Frühjahr abgelegten Eiern. Nach einer Entwicklungsdauer von vier bis fünf Monaten sind sie ausgewachsen und geschlechtsreif. Die Paarung, die oft schon im August beobachtet werden kann, findet an einem möglichst feuchten Ort statt, zum Beispiel gar auf einem tau- oder regennassen Salatblatt. Bis zur Eiablage dauert es vier bis sechs Wochen. Stärker als bei den

Nur einer der Leckerbissen für die „Tauschnecklein" wie die jungen Ackerschnecken oft genannt werden.

übrigen Arten wird die Entwicklung der Ackerschnecken von der Temperatur beeinflußt. Mildes Wetter im Winter und Frühjahr kann zu einer zweiten Generation führen, die dann an den späten Kulturen, in der Landwirtschaft zum Beispiel am Winterraps oder Wintergetreide, erheblichen Schaden anrichtet.

▶ **Verhalten und Ernährung:** Die Ackerschnecken leben vorerst nur unterirdisch; später sind sie während Trockenzeiten überwiegend in Bodenritzen (bis zu 30 cm tief!) und unter Schollen zu Hause, wo sie sich von Wurzeln und abgestorbenen Pflanzenteilen ernähren. Feuchte Nächte allerdings veranlassen die wendigen Tiere zu geschickten Klettertouren bis zu den feinsten Blättchen und Blüten in luftiger Höhe.

Sie schädigen somit alle Pflanzenteile, von den Wurzeln und Knollen (Kartoffeln, Karotten) bis zu den Blüten und Früchten.

Die Art und das Ausmaß der Schäden verändern sich im Jahresverlauf und mit der jeweiligen Wetterlage. Die Ackerschnecken sind deshalb nicht so einfach einzuschätzen wie die Großen Wegschnecken, die ein vergleichsweise geregeltes Wanderleben führen. Bei Trockenheit sind die Acker-

schnecken lange Zeit unsichtbar, bei Einsetzen feuchter Witterung erscheinen sie aber plötzlich in Scharen.

Die Ackerschnecken sind auch bei Temperaturen um den Gefrierpunkt noch aktiv. Es ist deshalb nicht ausgeschlossen, daß ein solcher Gast im schmackhaft zubereiteten Feldsalat das Weihnachtsessen mitgenießen will.

SCHNECKEN (ALS) GÄSTE IM GARTEN

DIE EGELSCHNECKEN

Die Große Egelschnecke (*Limax maximus*), auch Großer Schnegel oder Tigerschnegel genannt, wird beachtliche 12 bis 15 Zentimeter lang. Ihre Grundfärbung variiert

von hell- bis dunkelgrau. Eine markante dunklere Zeichnung überzieht den Körper streifig und/oder fleckig; vor allem gegen die Sohle hin gehen die Streifen in Flecken und Punkte über. Der Schleim ist farblos, die Sohle in drei gleichfarbene, helle Felder unterteilt. Der Kiel, der bis zur Mitte des Rückens reicht, ist deutlich ausgebildet.

Die Gelbe Egelschnecke (*Limax flavus*) ist mit sieben bis zehn Zentimetern etwas kleiner als die Große Egelschnecke. Die Körperfarbe ist gräulich gelb, ohne Streifen, manchmal aber mit grauer Tüpfelung. Ihr Mantel kann dunkel oder gelb gefleckt sein. Der Kiel ist nur kurz und undeutlich zu erkennen.

▶ **Verbreitung und Lebensräume:** Beide Arten sind über

Der Große Schnegel ist kein Flitzer. Er ist faul und meist auf dem Komposthaufen am Futtern.

ganz Europa verteilt und leben im Kulturgelände. Die Große Egelschnecke ist eher in Hecken, Wäldern und natürlich auch auf dem Kompostplatz anzutreffen. Die Gelbe Egelschnecke dagegen bevorzugt Brunnen, alte Gemäuer, Höhlen oder verkriecht sich unter alten Tontöpfen im feuchten Gewächshaus; sie führt ein extremes Schattendasein. Alte feuchte Keller scheinen beiden zu gefallen, weshalb sie im Volksmund auch „Kellerschnecken" genannt werden. Hier verirren sie sich ab und zu auch in leere Flaschen – sehr zum Schrecken desjenigen, der das Altglas entsorgen möchte!

▶ **Entwicklung:** Die zwei Schneckenarten zeigen ein unterschiedliches Paarungsverhalten: Die Großen Egelschnecken hängen zur Paarung an einem selber ausgeschiedenen Schleimfaden in luftiger Höhe. Die Gelben Egelschnecken nehmen eine ähnliche Begattungsstellung ein wie die Weinbergschnecken, die Übertragung des Spermas findet aber außerhalb des Körpers statt. Im Herbst werden Gelege von bis zu 200 glasklaren Eiern in Ritzen oder Höhlen deponiert.

▶ **Verhalten und Ernährung:** Die Egelschnecken leben oberirdisch wie die Großen Wegschnecken, tagsüber ver-

Eine große und eine kleine Weinbergschnecke auf Wanderschaft

stecken sie sich in einem feuchten, dunklen Unterschlupf. Da ihre Nahrung sich vorwiegend aus abgestorbenen Pflanzenteilen, Wurzeln, Knollen und Pilzen – also chlorophyllfreien Pflanzenteilen – zusammensetzt, richten sie nur in Ausnahmefällen Schäden an. Relativ selten sind auch Verluste an Obst- und Kartoffelvorräten, dies aber nicht etwa wegen der gefressenen Menge, sondern weil sich am verletzten Lagergut Fäulnis ausbreitet. Angeknabberte Etiketten an Vorratsgläsern gehen ebenfalls auf das Konto dieser Kellerbewohner.

DIE WEINBERG-SCHNECKEN

Die Weinbergschnecken (*Helix pomatia*) gehören zu den größten und auch sehr

gut erforschten Landgehäuseschnecken Europas. Besondere Bedeutung kommt ihnen und einigen ihrer Verwandten als eßbare Delikatesse zu. Der größte Verbrauch fällt hierbei auf die Feinschmecker, die Franzosen, die auch auf dem Weltmarkt führend sind.

▶ **Verbreitung und Lebensräume:** Die Weinbergschnecken sind in Europa verbreitet: im Norden bis Schweden, im Osten bis zur Ukraine, im Westen bis nach England und im Süden bis Norditalien. In den Alpen sind sie bis zu 2000 Meter über dem Meer anzutreffen! Ihre Lebensräume sind lichte Wälder, Hecken, Gebüsche und Mauern mit Pflanzenbewuchs. Als Kulturfolger sind die Weinbergschnecken vielerorts vom Aussterben bedroht und unter Schutz gestellt (Rote Listen).

▶ **Erkennungsmerkmale:**
Das hellgraue oder hellbraune Gehäuse einer ausgewachsenen Weinbergschnecke kann einen Durchmesser von bis zu fünf Zentimetern erreichen. Die dunklere, schwache Bänderung ist meist etwas verwaschen.

▶ **Entwicklung:** Nicht nur Amor verschießt seine Liebespfeile, sondern auch die Weinbergschnecken tun dies bei der Paarung! Nach einem Vorspiel, bei dem sich die Partner Sohle an Sohle aufrichten, bohren sie sich als Reiz gegenseitig ein Kalkstilett in den Körper. Erst im Juli/August werden zirka 40 bis 60 Eier in eine meist selber gegrabene Höhle abgelegt. Nach etwa drei bis vier Wochen schlüpfen „fertige" Schneckchen mit einem durchscheinenden Häuschen. Und etwa zehn Tage später verteilen sie sich, klettern auf Kräuter oder Bäume. Bei Hitze und Trockenheit ziehen sie sich in ihr Haus zurück und dichten die Öffnung mit einem Häutchen ab.
Vor Wintereinbruch graben sich die Tiere bis zu 30 Zentimeter tief in lockeres Erdreich ein. Dabei wird die Fußsohle wie ein Förderband eingesetzt. Zum Schutz vor Kälte verschließen sie die Gehäuseöffnung mit einer kalkreichen Masse (Eindeckeln). Die Lebensdauer einer Weinbergschnecke beträgt zwei bis fünf Jahre, unter günstigen Umständen aber weit mehr.

▶ **Verhalten und Ernährung:**
Weinbergschnecken leben, außer während der Winterruhe, oberirdisch und da meist an der Bodenoberfläche. Sie ernähren sich vorwiegend von grünen Pflanzenteilen, aber auch von abgestorbenem

Weinbergschnecke

Material. Nennenswerte Schäden an Kulturen verursachen sie allenfalls dort, wo ein Gemüsegarten oder -feld direkt an eine Hecke oder ein Gebüsch grenzt. Lieblingsspeisen sind vor allem Kohlarten, gefolgt von Spinat und Salat. Hier hilft nur einsammeln und an einen anderen Ort bringen. Ködern funktioniert bestens, da die Weinbergschnecken immer auf demselben Weg aus ihrem Unterschlupf in den Garten und zurück kriechen. Aber aufgepaßt: Oft lassen sie sich tagelang oder gar wochenlang nicht blicken, und dann reicht eine von der Witterung her optimale Nacht – eine kleine Katastrophe, wenn da zum Beispiel Kohlsetzlinge locken. Übrig bleibt nur noch deren Gerippe.
Grundsätzlich sind diese Schnecken aber sehr nützlich, da sie Unmengen an organischer Substanz umsetzen. Daß die Tiere speziell die Eier der Nacktschnecken fressen würden, ist aber ein Märchen. Die Weinbergschnecken finden nur schwer den Zugang zu den Nacktschneckeneiern, die in Ritzen und Spalten ab-

gelegt sind; ihr Haus ist ihnen dabei hinderlich. Tatsache ist aber, daß sich alle Schnecken gegenseitig die Eier wegfressen – häufiger fressen dabei die Nacktschnecken die der Weinbergschnecken.

DIE GEFLECKTEN WEINBERGSCHNECKEN

Diese Verwandte der Weinbergschnecke namens *Helix aspersa* ist ausgewachsen etwas kleiner, das gelbbraune Gehäuse ist hübsch mit dunklen, unregelmäßigen Bändern verziert, die verschmelzen oder sich fleckig auflösen. Ihre Lebensweise entspricht der der Weinbergschnecken. Als Delikatesse ist die „Petit Gris" vor allem in Frankreich von Bedeutung. Ihre Züchtung in großem Stil muß jedoch noch optimiert werden. Vielleicht wird in Zukunft die Vermarktung von Schnecken-

Bänderschnecke – hier ein Designer-Typ.

eiern, als Pendant zu Kaviar, wirtschaftlich interessant sein!

DIE BÄNDER-SCHNECKEN

Sie sind in jedem Garten daheim, diese kleinen Gehäuseschnecken. Kinder sammeln die Subspezies der *Cepaea* wegen der schönen, unterschiedlichen Färbung und Bänderung ihrer Häuschen.
Die Bänderschnecken gehören wie die Weinbergschnecken der Familie der Hain- oder Schnirkelschnecken (*Helicidae*) an.
In unseren Regionen sind vor allem zwei Gattungen, die Hain- und die Gartenbänderschnecke (*Cepaea nemoralis* und *Cepaea hortensis*), sehr zahlreich vertreten.
▶ **Verbreitung und Lebensräume:** Beide Arten sind in ganz Europa verbreitet – südlich bis Spanien, östlich bis zu den Ostseeländern, nördlich bis Island. Sie leben in Gärten, Hecken, Wäldern, auf Bäumen, Felsen und Mauern.
▶ **Erkennungsmerkmale:** Das gedrückte kugelförmige Gehäuse der Bänderschnecken hat einen Durchmesser von 10 bis 20 Millimetern. Färbung und Bänderung sind sehr unterschiedlich: über gelblich bis hellbraun, unifarben oder mit schmaleren bzw. breiteren dunklen Bändern.
▶ **Entwicklung:** Bei der Paa-

Hier ein Exemplar mit dunklen Bändern und dunkelgrauem Körper

rung im Mai/Juni belecken sich die Partner zuerst und bohren sich dann gegenseitig, wie die Weinbergschnecken zur Stimulierung den Liebespfeil in den Körper, bevor der Samenaustausch stattfindet. Die Eiablage erfolgt im folgenden Sommer. Nach ein paar Wochen schlüpfen etwa zwei Millimeter große, „richtige" Häuschenschnecken.
Auch die Bänderschnecken ziehen sich bei Hitze, Trockenheit und Kälte in ihr Haus zurück und deckeln sich ein, vielleicht ein Grund, weshalb sie oft mehrere Jahre alt werden.
▶ **Verhalten und Ernährung:** Beide Arten leben oberirdisch oft auf Sträuchern und Bäumen, wo sie sich tagsüber in ihre Gehäuse zurückziehen. Sie ernähren sich von Blättern und Früchten. Schaden richten sie kaum an. Im Garten vergreifen sie sich allenfalls, dies aber mit Maß, an den Johannisbeeren.

Vorbeugen ist besser als jagen

Der Garten der unglücklichen Schnecken

Betrachten wir vorerst den Lebensraum der Schnecken, den Garten also mit seinem Drum und Dran. Wie können wir ihn gestalten, damit unsere schlüpfrigen Mitbewohner nicht übermütig werden und sie sich weniger stark vermehren?

Gut essen, gut schlafen, ein trautes Heim..., so ganz anders als wir sind sie nicht, die Schnecken!

Der Gemüsegarten und das Blumenbeet sind in ein ganz bestimmtes Umfeld eingebettet. Da sind zum Beispiel die Buschgruppe, der Kompostplatz, der Hundezwinger, der Gartensitzplatz oder vielleicht das Gerätehäuschen mit dem schön gestapelten Kaminholz. Wir gestalten unser Gartenreich, auch wenn es vielleicht klein ist, nach unseren Bedürfnissen und prägen damit die Lebensbedingungen der hier wohnenden Tiere ganz erheblich.

Betrachten wir den Garten nun einmal aus der Sicht der Schnecken. Wir haben Glück, gewisse Charakterzüge von ihnen sind uns nicht fremd: Schnecken fressen gern, und danach schätzen sie den ungestörten Schlaf an einem lauschigen, feuchten Plätzchen. Je näher Futterquelle und Schlafplatz beisammenliegen, desto größer ist ihr Glück, und je größer dieses Glück, desto größer auch die Kinderschar. Gehen wir also auf die Suche nach den verschiedenen Schlaf- und Freßplätzen im Garten und verändern sie so, daß sich die Schnecken dort nicht mehr wohl fühlen. Im Garten der unglücklichen Schnecken werden die Überfälle auf Gemüse und Blumen zur Ausnahme. Das ist unser erstes Ziel.

Wer die Schnecken liebt, pflanze ihnen Tagetes.

Der Weberknecht ist ein Räuber. Sein Biß lähmt die Jung-schnecken sofort.

Schätzt auch schlüpfrige Häppchen – die Erdkröte

SCHNECKENFEINDE FÖRDERN

Schnecken haben eine natürliche Abwehrreaktion: Werden sie angegriffen, sondern sie mehr Schleim ab als üblich und werden zu einer klebrigen Kugel. Da vergeht manchem Schneckenfeind

Nützlinge von klein bis groß

Schlupfwinkel im Garten, die den Schnecken behagen und ihnen tagsüber als Schlafplatz dienen, sind gleichzeitig auch gute Lebensräume für allerlei kleines Getier wie die schwarz behaarte Wolfsspinne und

Steinhaufen sind wahre Räuberhöhlen. Hier wohnen Spitzmäuse, Spinnen und viele andere Schneckenfeinde.

Wer Spaß am Beobachten hat, wird feststellen, daß die Lebensgemeinschaft immer vielfältiger wird: Eine dicke Erdkröte, ein Molch oder eine Blindschleichenfamilie gesellen sich bald dazu.

Behausungen für Schneckenfresser

Für diese Tiere schichten wir im Schatten von Büschen kleine Haufen aus verschieden großen Steinen so auf, daß darin genügend große Hohlräume bleiben, in denen sich Igel, Spitzmäuse und Blindschleichen einnisten können. In den kleineren Ritzen und Spalten finden die Raubspinnen und -käfer dann einen Unterschlupf.

Einzelne Haufen kann man anstatt mit Steinen aus Altholz aufschichten, zum Beispiel mit großen morschen Stücken aus dem Wald.

Drosseln picken nicht nur Schnecken, sondern auch gern Schneckeneier.

im letzten Moment der Appetit. Einige Tiere aber pakken blitzschnell zu, bevor die Schnecke weiß, wie ihr geschieht. Genaue Angaben über die so verursachte Sterberate gibt es kaum. Aber die Erfahrung lehrt, daß die Förderung von Schneckenfressern viel zur Vermeidung der Schneckenplage beiträgt.

den langbeinigen Weberknecht – beide ziemlich brutale Gesellen, deren Biß Jungschnecken sofort tötet. Aufgenommen in diese Gesellschaft werden alsbald auch Laufkäfer und Kurzflügler. Mit ihren kräftigen Zangen am Kopf machen sie dem Leben der Schneckeneier und Jungtiere ein rasches Ende.

Wenn möglich, lassen wir unter dem Holzstapel oder unter dem Gerätehäuschen Hohlräume frei. Sind sie groß genug, „möblieren" wir sie mit etwas Stroh oder Laub.

Vögel lieben Schneckeneier

Drosseln, Spechtmeisen, Stare und andere Vögel stellen ebenfalls den Schnecken nach. Ein flotter Regenwurm birgt zwar mehr Kalorien, aber wenn beim Scharren und Picken Schneckeneier oder Jungschnecken aufgedeckt werden, sind die-

Dem bekannten Schneckenjäger schaffen wir wohnliche Behausungen zwischen Kompost und Gemüsegarten.

Laufkäfer fressen Schnecken und Schneckeneier.

se eine willkommene Bereicherung. Vögel versorgen wir dafür mit Nistgelegenheiten. Einheimische Bäume und Sträucher locken mit ihren Wildfrüchten die gefiederten Freunde zusätzlich an, und die zahlreichen Kleintiere im Altholz von mit Efeu umrankten Bäumen ergänzen die Speisekarte.

TIP: Vor allem im Sommer ist eine Trinkquelle immer gefragt. Ein kleiner Gartenteich mit Flachufer wäre als Vogeltränke optimal, aber auch die Minimalvariante – ein mit Wasser gefüllter Blumentopfuntersetzer – erfüllt diesen Zweck. Damit die Hauskatze nicht allzu leichtes Spiel hat, die Trinkquelle frei aufstellen, so daß sie sich nicht ungesehen anschleichen kann.

Schneckenkrankheiten und -parasiten

Auch Schnecken können krank werden. Was sich diesbezüglich in den neu geschaffenen Nischen genau abspielt, bleibt unserem Auge verborgen. Sicher ist,

daß durch die Ansammlung vieler Schnecken an diesen Stellen (hohe Populationsdichte) auf natürliche Weise die Sterblichkeit durch Infektionen mit Lungenmilben, Fadenwürmern, Pilzen und anderen Kleinorganismen zusätzlich erhöht wird.

Kurzflügler am Frühstücksei, dem Schneckenei!

DER RICHTIGE ORT FÜR DEN KOMPOST

Die schattig-feuchten Stellen unter Büschen, Holzhaufen usw. haben wir gezielt in „Wohnheime" für Schneckenfeinde verwandelt und damit den Kriechtieren bereits einen ersten Denkzettel verpaßt. Doch da sind noch jene Örtchen, an denen – immer aus Sicht der Schnecken – paradiesische Zustände herrschen. Der Kompostplatz zum Beispiel, an dem es sich in den modernden Gartenabfällen zufrieden schlafen läßt und zudem aus der Küche ständig frisches „Futter" nachgeliefert wird. Besser kann es nicht sein: Futtern im Bett! Die Schnecken sind hier aber äußerst nützlich, und deshalb gönnen wir ihnen dieses Schlaraffenlanddasein.

Vielfältiges Futter und feuchte Schlupfwinkel – der Kompostplatz ist ein wahres Schneckenparadies.

Die Tiere zerkleinern die Grünabfälle und fördern dadurch den Kompostierungsprozeß.

Betrachten wir aber auch das Umfeld eines Hundezwingers oder eines Kaninchenstalles. Hier sind die Kot- und Futterreste für die Schnecken eine Delikatesse.

Werden diese Gehege zudem oft mit Wasser gereinigt, herrscht bald feuchtfröhliche Schneckenstimmung. Aber wer nimmt es den Tieren übel, daß sie zur Sauberhaltung von Zwinger und Stall beitragen?

FUNKTIONALE GARTENGESTALTUNG

Wir haben Gartenarchitekten nach Kriterien für die Gartengestaltung befragt. Meist war die Rede von einer „funktionalen Einheit". Hier der Sitzplatz, dort die Büsche und, in einer arbeitstechnisch logischen Linie: erst Stall und Zwinger, dann der Kompostplatz und zuletzt die Gartenbeete. Aus menschlicher Sicht mag das richtig sein, wer will schon die Gartenabfälle quer durch den Garten in die gegen-

Gut so! Vom Gehölz beschattet und weit weg vom Gemüse

überliegende Ecke tragen. Für eine wirkungsvolle Anti-Schnecken-Strategie gelten jedoch andere Kriterien:
▶ Der **Kompostplatz** und die **Stallungen** für Haustiere sollten gegen Norden oder

So wird gleichzeitig auch dem Befall mit Falschem Mehltau, Krautfäule (Tomaten) und anderen Krankheiten vorgebeugt.
▶ Zwischen den bewilligten Schneckenreservaten und

des Nachbarn direkt an unser Gemüse- oder Blumenbeet angrenzt? Ob er die Sachlage begreift? Ansonsten muß hier eine Wanderschranke eingebaut werden (s. Seite 28 f.).

Dreifacher Nutzen: Nährstoffe für die Zucchini, Schatten für den Kompost und was Feines zum Genießen

Westen ausgerichtet sein, in den Schattenlagen des Gartens mit möglichst wenig Sonneneinstrahlung – ganz im Sinne der lichtscheuen Schnecken.
▶ Den **Gemüsebeeten** und **Blumenrabatten** gönnen wir dagegen viel Licht mit Sonneneinstrahlung von Osten bis Süden. Die Morgensonne vertreibt die Schnecken und trocknet die vom Tau feuchten Pflanzen.

den Kulturen sollte immer eine „neutrale" Zone liegen: Ein breiter Streifen Rasen, der Sitzplatz, ein breiter Kiesweg oder auch eine breite Rabatte mit Pflanzen, welche die Schnecken nicht fressen. So kommen die Schnecken kaum in Versuchung, aus ihrem feuchten Unterschlupf in die Gartenbeete hinüberzuwandern.
▶ Was kann man aber tun, wenn der **Kompostplatz**

▶ Schwierig ist die Situation in den **Gartenkolonien**, in denen meist jeder seine eigene kleine „Schneckenzucht" betreibt. Hier lohnt es sich, sich ernsthaft für das Einrichten einer zentralen Kompostieranlage einzusetzen. Ein Informationsabend bei gemütlichem Zusammensein hilft sicherlich weiter – Schneckenprobleme lassen sich am besten gemeinsam lösen.

BIS HIERHIN UND NICHT WEITER

Läßt sich der Kompostplatz oder der Kaninchenstall wirklich nicht an einen anderen Ort verlegen, so muß die Wanderung der Schnecken zum Gemüse durch eine unüberwindbare Schranke verhindert werden. Dies gilt auch für Gärten, die direkt an landwirtschaftlich genutztes Land grenzen. Die Tage nach dem Grasschnitt oder nach der Ernte motivieren die obdachlos gewordenen bäuerlichen Schnecken ganz besonders zu einem Besuch im Garten, auf der Suche nach Nahrung, aber auch nach einem neuen Unterschlupf. Die Großen Wegschnecken legen dabei in einer Nacht beachtliche Strecken zurück, die kleineren Arten kom-

Solide und gut wirksame Abgrenzung an Stellen, an denen immer wieder Schnecken einwandern.

men langsamer, aber sie kommen auch.

Schneckenzäune

Die Schneckenzäune sind den meisten Gärtnerinnen und Gärtnern wohl bekannt. Sie sind in Gartenfachgeschäften in verschiedenen Ausführungen erhältlich.

▶ Stabil und recht dauerhaft sind **verzinkte Bleche mit abgewinkelter Oberkante**. Sie werden fest in den Boden eingelassen. Für Ecken und Winkel gibt es besondere Montageteile. Wird die Außenseite unter dem kleinen „Dach" des Blechwinkels bei regnerischer Witterung etwas mit Schmierseife eingestrichen, sind diese Zäune für Schnecken kaum zu überwinden.

▶ Die **Elektrozäune** bestehen meist aus Kunststoff und verfügen über zwei aufgeschweißte Stromleiter. Sind diese mit einer leistungsstarken Batterie verbunden, schließen die Schnecken auf dem Weg über den Zaun den Stromkreis kurz, erhalten einen Stromschlag und lassen sofort von ihrer Klettertour ab.

▶ Ein anderes System läßt

Wo Jungpflanzen angezogen werden, ist Schutz vor Zuwanderung besonders wichtig.

sich mit **Kunststoffdachrinnen** bauen. Genau waagerecht verlegt, und mit Wasser gefüllt, sind sie für die Schnecken unüberwindbar. Die Wasserkanäle dienen im Sommer zudem vielen Tieren als Tränke. Sie sind allerdings nicht ganz einfach zu montieren und bedürfen der regelmäßigen Reinigung. Diese mechanischen Schranken eignen sich zur Abgren-

deren Schädlingen nachstellen. Der allseits schließende Schneckenzaun würde zur Ursache für andere Sorgen.

Natürliche Schranken
Wer die Kulturfläche nicht mit Technischem verstellen möchte, kann Wanderschranken auch aus natürlichen Materialien anlegen. Es bedarf dazu, das sei vorweggenommen, mehr Fläche.

30 bis 40 Zentimeter. Nach starken oder lang andauernden Regenfällen muß das Material erneuert werden. Einen gewissen Schutz bieten auch **Hartholzschnitzel** (Eiche) und selbst ein **Kiesweg**.

Sonderfall Frühbeetkasten
Im Frühbeet sind Schnecken besonders lästig. Kaum ermöglicht die Sonnenwärme

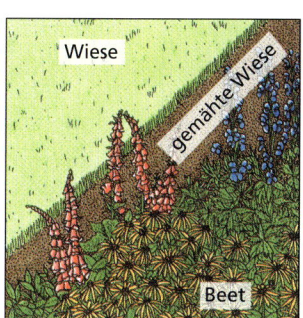

Zuwanderungsschranken können aus verschiedenen Materialien bestehen. Angelegt werden sie als Dauerschranke oder nur zu bestimmten Zeiten, zum Beispiel, wenn die an den Garten angrenzende Wiese gemäht wird.

zung der Kulturfläche gegen eine Wiese, den Kompostplatz des Nachbarn oder eine andere Schneckenquelle. Nur eines dürfen wir nicht tun: den Garten lückenlos mit einem Schneckenzaun abriegeln. Wir würden dadurch viele Nützlinge wie Raubspinnen, Laufkäfer, Igel usw. vom Garten fernhalten – alles, was nicht hüpfen oder fliegen kann, lauter Tiere, die Blattläusen, Möhrenfliegen, Bohnenfliegen und an-

Die Materialien müssen so saugfähig sein, daß sie den Schneckenschleim absorbieren. Das löst bei den Tieren Panik aus und veranlaßt sie zur Umkehr. Im schlimmsten Fall gehen sie gar zugrunde.
Sägemehl aus einer Sägerei (wegen möglicher Fremdstoffe nicht von einem Spanplatten verarbeitenden Betrieb beziehen) muß etwa 50 Zentimeter breit ausgestreut werden, Holzasche

erste Saaten, erwachen auch die Schnecken. Der wärmere Boden im geschützten Beet lockt sie von außen an. Ist die Umrandung nicht dicht, kann das Werk der Kriechtiere nun verheerende For-

TIP: Die Schnecken im Kasten wegfangen und nur schnecken(-eier)freien Kompost verwenden– wie's gemacht wird, wird ab der Seite 40 f. erklärt.

An gefährdeten Stellen im Garten lohnt sich die Pflanzung schneckensicherer Gewächse wie Taglilien.

men annehmen. Es lohnt sich daher, das Frühbeet mit Schneckenzaunelementen zu bauen.

NEIN, DIE PFLANZE FRESS' ICH NICHT

Die Schnecken haben etwas mit dem „Suppenkasper" von Wilhelm Busch gemeinsam. Denn auch sie sind wählerisch und verbannen gewisse Pflanzen von ihrer Speisekarte. Wir werden da aber weder Überredungskünste anwenden noch irgendwelchen Zwang ausüben, sondern gezielt von dieser Untugend profitieren.

Blumenrabatte bleibt Blumenrabatte

Eine Blumenrabatte – ausschließlich mit vor Schnekken sicheren Arten bepflanzt – kann selbstverständlich wunderschön gestaltet werden und ist bezüglich der Schnecken pflegeleicht. Wer

aber auf seine Lieblingsblumen, die natürlich ausgerechnet zu den bevorzugten Speisen der Schnecken gehören, nicht verzichten möchte, steht vor einem Problem.

Das Mischen von genießbaren und ungenießbaren Pflanzen funktioniert denkbar schlecht; das Zerstörungswerk der Schnecken konzentriert sich gezwungenermaßen auf die Leckerbissen. Dazu ein Beispiel: Die Studentenblumen (Tagetes) haben in einer solchen Rabatte einen sehr schweren Stand, denn die von den Schnecken gemiedenen Pflanzen schränken das Futterangebot ein. Was liegt da näher, als daß sie ihren ganzen Hunger an den Studentenblumen stillen. Schlafen läßt sich danach im Schatten der benachbarten „Ungenießbaren" wunderbar. Die in der nebenstehenden Tabelle aufgeführten Pflanzenarten werden die Schnek-

Auch den Lavendel verabscheuen die Schnecken.

ken daher nicht vertreiben. Der Begriff „meiden" bedeutet lediglich „ungenießbar". Trotzdem läßt sich diese Eigenschaft in das Konzept eines schneckenfreien Gartens einbauen. Mit gemiedenen Blumen bepflanzte Rabatten können als Schranken zur Verminderung der Zuwanderung der Großen Wegschnecken in den Gemüsegarten führen. Es ist allerdings darauf zu achten, daß die Pflanzen nicht allzu dicht stehen. Der Boden wird wie im Gemüsegarten gepflegt und ebenfalls mit einer dünnen Mulchschicht bedeckt. Andernfalls dient das Blumenbeet als Unterschlupf, von dem aus die Schnecken nächtliche Exkursionen zum Gemüse unternehmen. Ist das Beet breiter als zwei Meter, darf die dem Gemüsegarten abgewandte Seite durchaus einen dichten Bewuchs aufweisen. Die Stein- und Altholzhaufen für die Nützlinge lassen sich hier als interessante Gestaltungselemente einbetten.

Eine hundertprozentige Garantie dafür, daß eine Pflanze nicht verspeist wird, gibt es aber nicht. Denn fällt nach einer längeren Trockenperiode endlich Regen, wird zuerst das nächstliegende Grün, ob schmackhaft oder nicht, gefressen. Während einer Regenperiode haben die Schnecken jede Menge Zeit, möglichst vielfältig zu-

Die Blatthaare schützen den Borretsch gut.

PFLANZEN, DIE DIE SCHNECKEN MEIDEN

Einjährige Blumen

Malve	*Lavatera ssp.*	Löwenmaul	*Antirrhinum*
Kornblume	*Centaurea cyanus*	Ringelblume	*Calendula*

Zweijährige Blumen

Bartnelken	*Dianthus barbatus*	Fingerhut	*Digitalis purpurea*
Bellis/Maßliebchen	*Bellis perennis*	Goldlack	*Cheiranthus cheiri*

Mehrjährige Blumen/Stauden

Akelei	*Aquilegia*-Hybriden	Maiglöckchen	*Convallaria majalis*
Baldrian	*Valeriana officinalis*	Phlox	*Phlox paniculata*
Beinwell, Comfrey	*Symphytum*-Arten	Primel	*Primula vulgaris*
Brennende Liebe	*Lychnis chalcedonica*	Purpurglöckchen	*Heuchera sanguinea*
Eisenhut	*Aconitum*	Schwertlilie	*Iris germanica*
Frauenmantel	*Alchemilla*	Sonnenhut	*Rudbeckia*
Mohn-Arten	*Papaver*-Arten	Storchenschnabel	*Geranium*, alle Arten
Geranie	*Pelargonium zonale*	Waldrebe	*Clematis*
Wolfsmilch-Arten	*Euphorbia*-Arten	Ziergräser aller Art	

sammengesetzte Nahrung aufzunehmen, und sie vergreifen sich dann gelegentlich auch an den Pflanzen, die sie normalerweise nicht anrühren. Die Tiere fressen dabei aber wenig.

Kranke oder an einem ungünstigen Standort kümmernde Pflanzen werden dagegen oft kahlgefressen. Die Schnecken sind nun einmal Gesundheitspolizisten. Sie respektieren nur fürsorglich gepflegte, gesunde Kulturen.

HÜHNER ALS SCHNECKENPICKER

Während der Zeit, in der im Garten alles blüht und gedeiht, gehören die Hühner in den Hühnerhof. Sie würden alles aufpicken, zerrupfen oder gar gänzlich auffressen, was wir im schonend bewirtschafteten Garten hegen, und letztendlich wäre die gesamte Garteninfrastruktur durch das dauernde Scharren gefährdet.

Anders dagegen verhält es sich im Winter. Die Regenwürmer befinden sich tief im Boden, die Igel und Spitzmäuse schlafen wohlig eingelullt in ihren Behausungen und, in den kleineren Nischen ruhen Spinnen und Käfer. Im Garten sind die Kulturen abgeerntet; bis auf den Feldsalat und einige Wintergemüse, die mit einem Vogelschutznetz schnell abgedeckt sind. Nun kann uns eigentlich nichts mehr davon abhalten, den Hühnern einige Zeit freien Lauf zu lassen – wenigstens den Hennen. Der Hahn entwickelt außerhalb des Geheges bald ein eigenwilliges Imponiergehabe und bringt dabei sein „Damenkränzchen" auf Ideen, die weit bis in entfernte Nachbargärten führen können. Hennen verweilen dagegen in der Nähe des eingezäunten Hahnes und scharren und picken nach Herzenslust. Sie sind sehr erpicht auf Schneckeneier und kleine Schnecken und holen sich die Leckerbissen aus allen möglichen Ritzen. Recht spaßig ist es, wenn die Hühner bei der Bodenbearbeitung mithelfen.

DER ENTENGARTEN

Von den verschiedenen Entenarten haben die Lauf- und Stummenten eine klare Vorliebe für Nacktschnecken. Sie scharren nicht und stellen im Garten auch sonst nicht viel Unheil an – unablässig suchen sie nach Schnecken.

TIP: Nicht vergessen, die Kompostmieten abzudecken! Sie sind der beliebteste Scharrplatz der Hühner, und das wertvolle Material ist bald breitflächig verteilt.

Keine Schnecke entgeht ihnen; als Haustiere sind die Laufenten jedoch eher schüchtern und nicht sehr anhänglich.

Drei Weibchen sind die Mindestgröße einer Entenfamilie für den Garten. Der Erpel ist in der Regel eigensinnig und allzu selbstbewußt. Er bringt Unruhe in die Schar, wobei die Enten dies wohl anders betrachten als wir Menschen!

Als Infrastruktur brauchen die Enten ein Häuschen, ein Gehege und immer und überall so viel Wasser, daß es zwischendurch auch zu einem Bade reicht.

Zur Entenhaltung gibt es spezielle Fachliteratur. Dort finden sich Ratschläge zur Fütterung, über Krankheiten, Haltungsformen usw. Wir vermitteln hier nur die Erfahrungen, die für eine gute Effizienz bei der Schneckenregulierung besonders wichtig sind:

▶ Bereits die **jungen Enten** werden ganz aufgeregt, wenn sie einer Schnecke begegnen. Selbst die Großen Wegschnecken fürchten sie nicht. Sie schnappen zu, obwohl der Hals noch zu dünn ist, um die große, schleimige Beute schlucken zu können. Sie ersticken mit der großen Schnecke im Hals. Jungenten deshalb stets im Frühling anschaffen, damit sie mit den Schnecken heranwachsen und nicht in Versuchung kommen, sich an einem allzu großen Opfer zu vergreifen.

▶ **Zusatzfutter** am Morgen nach der Schneckenjagd und nur bis am Mittag anbieten, damit die Tiere am Abend wieder hungrig auf Schnecken sind.

▶ Stets muß auch im Auslauf **reichlich Wasser** zur Verfügung stehen, denn nach jedem Schneckenmahl wollen sich die Tiere ihren Schnabel säubern.

▶ Das **Umfeld des Gartens** sollte dauernd beweidet werden können. Ein gewisses Risiko, daß die Enten zwischendurch auch nicht für sie bestimmtes Grünzeug naschen, besteht allerdings. Zudem wirkt Entenkot in den Gemüsebeeten nicht besonders appetitanregend. Deshalb umgibt man den Kulturgarten mit einem einfachen, 50 Zentimeter hohen Drahtgeflecht. Als Pfähle eignen sich Dachlatten.

▶ Anders bei **frisch abgeernteten Beeten**. Hier verschafft man den Enten Zugang, indem der Zaun kurzfristig versetzt wird, bis alle Schnecken gefressen sind und neu bepflanzt wird. Pflanzenabfälle oder andere Köder (s. Seite 54 f.) locken die Schnecken auch aus den Nachbarbeeten vor die Entenschnäbel.

▶ Die Lauf- und Stummenten bedürfen natürlich, wie alle Haustiere, **täglicher Betreuung**. Sie sind in der Regel eher ängstlich und nicht als Kuscheltiere für

Schneckeneier sind der Hühner Trüffeln!

Kinder gedacht. Es macht aber Spaß, ihnen zuzusehen, wie sie im „Gänsemarsch" durch den Garten watscheln.

▶ Und nun zur **kulinarischen Seite** der Entenhaltung. Der Entenbraten, so sagt man, sei zäh, und die Eier dürfen nur gekocht gegessen werden. Man muß sich also bewußt sein, daß diese Enten fast ausschließlich der Schneckenregulierung dienen – diese Aufgabe allerdings erfüllen sie glanzvoll.

Direkte Abwehrmaßnahmen

Die Kulturen wirksam schützen

Der Garten ist nun bereits voller Stolpersteine für die Schnecken. Dies macht den direkten Schutz der Kulturen zwar nicht überflüssig, aber es vereinfacht diese Aufgabe. Dem Ziel, auf Schneckenkörner zu verzichten, rücken wir nun schnell näher.

Es besteht kein Zweifel: Im Garten eine Handvoll Schneckenkörner zu verteilen, ist wesentlich einfacher, als mit Köpfchen neue Anti-Schnecken-List zu üben. Die „paar Schneckenkörnchen" sind natürlich wirksam, und wir wissen, auf welche Art und Weise sich der durch sie absichtlich herbeigeführte Massentod präsentiert; doch da sind noch die Igel, die Laufkäfer und andere Nützlinge. Zudem wirken Schneckenleichen im naturnah gepflegten Garten sonderbar; sie sehen zwischen den feinen

Salaten nicht besonders appetitanregend aus. Und wäre es mit der makabren Handvoll Körner jeweils getan, die Schnecken alle tot und bis im nächsten Jahr kein Eingriff mehr erforderlich, wir hätten wohl nicht jahrelang nach Alternativen gesucht und unzählige Nächte mit der Taschenlampe verbracht!

Eines ist sicher: Die Schnekkenkörner machen irgendwie süchtig, denn immer wieder ist ihr Einsatz erforderlich, da die toten Schnekken ihre Artgenossen von außerhalb des Gartens anlocken. Stets sind da auch die Nützlinge an den vergifteten Tieren oder den Körnern. Wer aber den Weg ohne Schneckenkörner gefunden hat, stellt den Erfolg bald fest, indem nicht mehr Schnecken, sondern immer mehr interessante kleine Gäste am Abend einen Gruß zum Sitzplatz schicken.

Schneckenfraß ist eine leidige Sache – nicht nur breite Wege aus Häcksel helfen uns, den Schnecken den Weg zur Futterquelle zu erschweren.

ZUR VORGEHENSWEISE DAS WICHTIGSTE IN KÜRZE

Vom Gartenumfeld wechseln wir nun also zu den Beeten, die jedes Jahr neu mit Gemüse, Blumen oder Salat bepflanzt werden. Die Schnecken direkt von den Kostbarkeiten fernzuhalten, das ist unser Ziel.

Im ersten Moment wirkt das Konzept einer naturnahen Schneckenregulierung vielleicht furchtbar kompliziert und sehr arbeitsaufwendig. Es besteht jedoch im wesentlichen lediglich darin, bei der gewohnten Gartenarbeit Kleinigkeiten besonders zu beachten und diese oder jene alte Gewohnheit zu ändern. Wir werden nichts unternehmen, was den Schnecken gefällt, aber alles tun, was ihnen mißfällt. Nach einer gewissen Zeit geben die Tiere dann auf und denken sich am Ruheplätzchen unter den Büschen, nachdem sie bereits einige Male durch feindlich gesinnte Tiere aufgeschreckt worden sind: „Hier nicht!" Frustriert wandern sie schließlich in Nachbars Garten oder weiter, um letztlich an den ihnen zugedachten Lebensräumen, in einer Hecke, im Wald oder im Ackerland, seßhaft zu bleiben.

Dieses Kapitel ist in derselben Reihenfolge gegliedert, wie die Gartenarbeiten im Jahresverlauf anfallen: von der Pflege des Bodens über Vorbereitung des Saatbeets bis zur Pflanzenpflege usw. Denn im Prinzip bleiben die üblichen Arbeitsgänge beim Anbau von Genuß- oder Zierpflanzen ähnlich, mit dem Zusatz, kurz an die Schnecken und ihre Verhaltensweisen zu denken. Bestimmte Maßnahmen einzuhalten, wie zum Beispiel am Morgen statt am Abend zu gießen oder den Boden erst im November, statt bereits im Oktober umzugraben bedeutet keinen Mehraufwand.

Schließlich gibt es noch eine Handvoll Sondermaßnahmen oder besondere Korrekturvorschläge. Bierfallen haben beispielsweise zwischen dem Gemüse und den Blumen keine Daseinsberechtigung. Denn stehen weiterhin Bierfallen im Garten oder wird der Sprinkler weiterhin am Abend zum Regenmacher, werden wiederum die Schnecken von weither angelockt, und die ganze übrige Mühe war umsonst.

SEIN ODER NICHT SEIN?

Diese Frage steht für die Nacktschnecken in einem direkten Zusammenhang mit dem Zustand des Bodens. Während sich die Weinbergschnecken bei Trockenheit in ihr Haus zurückziehen, sind die Nacktschnecken auf einen feuchten Unterschlupf angewiesen. Was liegt da näher, als nach dem Abfressen der Tagetes in die nächste Bodenritze zu kriechen – sofern es Bodenritzen hat! Das ist sehr bequem; doch wenn es keine Ritze hat, muß Schnecke zwischen Futterquelle und dem sicheren Schlupfwinkel pendeln. Dieses ewige Hinundherwandern kostet Kraft und Wasserreserven. Manch eine Schnecke geht dabei zugrunde, auf jeden Fall nimmt die Lebensqualität massiv ab.

Grundsatz Nummer eins heißt demzufolge: Keine Wohnstätten für Schnecken im Gartenbeet schaffen. Wie wichtig ein ständig lokkerer Boden ist, bei dem selbst eine Trockenperiode keine Schwundrisse entstehen läßt, zeigt sich daran, daß Schnecken in Gärten mit leichtem, sandigem Boden kaum ein Problem sind.

KRÜMELIGER UND FEINKÖRNIGER BODEN

Schwundrisse entstehen bei Trockenheit nur in schweren, lehmreichen Böden. Der Grund dafür liegt in der Eigenschaft des Lehms, Klumpen zu bilden, die bei Trockenheit schrumpfen und so Zwischenräume entstehen lassen. Die Lehmklumpen bestehen aus

Gute Bodenpflege verhindert, daß die Schnecken bei Trockenheit in Schwundrissen Unterschlupf finden.

sehr vielen mikroskopisch kleinen Silikatplättchen, den Tonplättchen. Diese kleben schichtweise fest zusammen. Der Leim beziehungsweise das Bindemittel ist normales Wasser. Wir kennen das Prinzip von zwei aufeinanderliegenden Glasscheiben. Befindet sich zwischen den beiden ein feiner Wasserfilm, sind sie kaum mehr voneinander zu trennen. Einen schweren, verklebten Boden in einen lockeren, krümeligen zu verwandeln, braucht ein wenig Geduld und ein geeignetes „Lösungsmittel", das dem „Leim" –

sprich dem Wasser – seine verklebende Eigenschaft nimmt. Das Zaubermittel hierfür ist die organische Substanz des Komposts. Sie besteht aus großen Restpartikeln wie Lignin, Zucker und Eiweiß aus zersetzten Pflanzenzellen. Diese Moleküle schieben sich zwischen das feine Gefüge der Tonplättchen und knacken so deren feste Verbindung mit dem Wasser.

Die starre „Verbauung" zwischen Tonplättchen, Wasser und Tonplättchen wird zur sogenannten Lebendverbauung. Denn nun tragen Bodenorganismen zusammen mit Pflanzenwürzelchen erheblich zur Bildung der neuen, lockeren Partikel bei. Aus den Lehmklumpen entsteht durch das Zu-

So knackig kann Salat aussehen!

Schwerer, klebriger Boden ist Schneckenboden!

sammenwirken von Tonplättchen, Bodentieren, Pflanzenwurzeln und organischer Substanz ein lebendes und dadurch lockeres Gefüge. Eine konsequente Kompostwirtschaft und eine sanfte, die Bodenorganismen schonende Bodenpflege lassen den Boden krümelig werden. Schwundrisse entstehen keine mehr – die Schnecken haben das Nachsehen, und die Kulturen profitieren in zweierlei Hinsicht – sie werden nicht gefressen und können auf gutem Boden gedeihen!

Umgraben im Sommer, das lieben die Schnecken!

Den Boden bis in die Tiefe lockern

Nach alter Gärtnertradition folgt dem Abernten der Beete im Herbst unmittelbar der letzte Kraftakt – das **Umgraben**. Es dient der Vorbereitung der Beete für das nächste Anbaujahr, gleichzeitig aber auch der Bodenverbes-serung. Mit Blick auf die Bodenqualität und auf die Schnecken – es sollen bei Trockenheit keine Risse entstehen! – beachten wir besonders die Arbeitstechnik. Nur in schwerem Boden, wo die Erde bei Nässe an den Schuhen klebenbleibt, werden wir weiterhin Schollen abstechen, hochheben und umgekehrt wieder absetzen. Diese klassische Form des Umgrabens behebt Verdichtungen und fördert die Durchlüftung sehr stark. Allerdings leiden dabei die Bodenorganismen. In lockerem, krümeligem Boden ist deshalb eine schonendere Technik angebracht, bloßes „Tiefenlockern". Als Werkzeug dient die Grabgabel. Sie wird senkrecht eingestochen, der Stiel gegen den Körper gezogen und gleich anschließend ganz nach vorne gedrückt. Das Wenden des Bodens entfällt und das Bodenleben wird nur geringfügig gestört.

Der richtige Zeitpunkt

Der Zeitpunkt der Bodenbearbeitung ist ein weiterer Faktor, der zu beachten ist. Im Herbst spüren die Schnecken den nahenden Winter, es wird kälter und die Nahrung knapper. Die Gartenwegschnecken und die Ackerschnecken suchen sich einen geeigneten Unterschlupf für die Winterruhe, die Großen Wegschnecken Bodenritzen zur Eiablage. Wichtig ist es, den Boden erst im Winter oder im frühen Frühling tief zu lockern. Wenn wir den Boden im frühen Herbst umgraben oder tief lockern, schaffen wir die Schlupfwinkel gerade dann, wenn die Schnecken ihr Winterquartier suchen oder ihre Eier legen. Im folgenden Frühling werden die Schnecken und ihre Gelege die Beete bevölkern. Um das zu verhindern, ist es wichtig, die Beete im Herbst sorgfältig abzuräumen, keine Pflanzenreste zurückzulassen, den Boden leicht anzutreten und so alle Ritzen zu verschließen.

Den **schweren Boden** graben wir nach den ersten Frösten, also zwischen November und Februar, um. Zur Bodensanierung ist es ratsam, vor dem Umgraben reichlich reifen Rindenkompost auszubringen und ihn

Feldsalat – schmackhaft und gut für den Boden!

während des Umgrabens mit dem Erdreich grob zu vermischen. Da dieses Material wenig Nährstoffe enthält, dürfen drei bis fünf Liter je Quadratmeter ausgebracht werden. Das grobschollige Beet mit einer Schicht trockenen Mulchmaterials bedecken (s. Seite 50 f.).

Den **leichten Boden** nach den ersten Frösten mit einer Mulchschicht schützen. Mit der Tiefenlockerung bis zum Spätwinter abwarten.

GRÜNDÜNGUNG ALS BODENVERBESSERUNG

Meist ist beim Bezug eines neu gebauten Heims der für den Garten vorgesehene Boden noch in einem desolaten Zustand. Hier lohnt es sich, im ersten Jahr in alle Beete zum Beispiel Luzerne anzusäen. Die dichtwachsenden Pflanzen lockern schwere Böden mit ihren kräftigen Wurzeln bis in große Tiefen. Die Luft- und Wasserzirkulation wird verbessert, und dies fördert die Lebendverbauung. Die dichten Bestände mit Pflanzen zur Gründüngung bringen auch Schwung in länger bewirtschaftete, aber müde gewordene Gartenböden. Sie sind allerdings ein echtes Tummelfeld für Schnecken und sollten deshalb nicht unbedacht angelegt werden.

Gründüngung ist Balsam für den Boden. Aber das Kraut nicht einarbeiten, sonst wird es Schnecken-Balsam!

Bei Einsaat im **Frühling** ist die Wahl von Bitterlupinen oder Esparsette zur Gründüngung ratsam. Diese Pflanzen sind trockenheitsresistent, und die Schnecken schätzen sie nicht. Im September das Kraut schneiden, eine Nacht liegenlassen und am nächsten Morgen mitsamt den Schnecken kompostieren.

Für die Saat im **Spätsommer** eignen sich Alexandriner- oder Perserklee oder Feldsalat. Während der Klee im Winter abfriert, sollte der im Frühling übriggebliebene Feldsalat spätestens einige Tage vor der Saatbeetbereitung geschnitten und das Kraut kompostiert werden. Da sich vor allem die schwarzen Gartenwegschnecken den Winter über in dieser Kultur sehr wohl fühlen, die geschnittenen Pflanzen über Nacht liegen lassen und später abräumen. Das Einarbeiten von Gründüngungspflanzen würde dem Boden zwar guttun. Es fördert jedoch die im Boden wohnenden kleinen Schneckenarten und ist deshalb nicht empfehlenswert.

DÜNGEN MIT KOMPOST

Zur Düngung ist im Zusammenhang mit der Bodenpflege bereits einiges dargestellt worden. Das Düngen mit Kompost hat im Vergleich zum Ausbringen chemisch hergestellter Nährstoffkörnchen unbestreitbare Vorteile. Kompost ist Nährstofflieferant und Bodenverbesserer in einem. Doch wenn wir die Kompostwirtschaft nun im Zusammenhang mit der naturnahen Schneckenregulierung betrachten, stoßen wir auf ein Problem: Haben wir beim Kompostplatz die Schnekken als nützlich betrachtet und toleriert, so wollen wir nun aber keine Schneckeneier und Jungschnecken mit dem Kompost in den Kulturgarten bringen. Die Schnecken gehören zwar auf den Komposthaufen, nicht aber in den Kompost, der auf die Beete kommt. Was tun?

Kräuterjauche ist ein prima Ergänzungsdünger.

Zielorientiertes Kompostmanagement

So würden wohl Geschäftsleute unsere Strategie im modernen Sprachgebrauch nennen. Das Ziel ist das Herstellen von hochwertigem Kompost ohne Schnekken und deren Eier. Das Management findet im Spätsommer statt. Denn jetzt erst beginnt die Paarungszeit, und die wenigsten Schnecken sind schon bereit zur Eiablage. Sie benötigen nun viel Futter, um die Eier im Körper auszubilden oder um (Fett-) Reserven für den kommenden Winter anzulegen. Aus diesem Grund halten sich die Tiere besonders gern im Komposthaufen mit den täglich frisch eintreffenden Garten- und Küchenabfällen auf. Haufen, in denen das Material schon stärker zersetzt ist, sind dagegen als Schlafstätten und Eiablageplätze interessant.
Diesen Moment nutzen wir, um reifen Kompost zu „ernten" und ihn von den noch wenig zersetzten organischen Abfällen zu trennen. Es ist hier nicht von Bedeutung, welche Methode der Kompostierung bevorzugt wird – ob diejenige im Kompostbehälter, im Kompostgitter oder gar in der „Mistgrube" aus den Vorkriegsjahren oder ob Mieten aufgesetzt werden. Wichtig

ist nur die klare Trennung von altem und jungem Kompost.

Mit Hilfe des Kompostsiebes trennen wir den reifen Kompost von allem noch zu wenig zersetzten Material mit dem Ziel, einen Haufen reifen Komposts vor sich zu haben und in zwei bis drei Metern Entfernung den Haufen oder das Gitter mit den noch in Zersetzung begriffenen organischen Abfällen. In dieser Form lassen wir das Tagewerk zwei bis drei Tage ruhen. Aus dem abgesiebten reifen Kompost werden die in ihm noch enthaltenen Schnecken in Richtung unreifer Kompost auswandern. Den Tieren wird die entsprechende Entscheidung abgenommen, wenn der frische Kompost mit schmackhaften Küchenabfällen bereichert und die Kriechdistanz zwischen den beiden Haufen feuchtgehalten wird.

Wohin mit dem schneckenfreien Kompost?

Die größte Menge Kompost brauchen wir zu Beginn des neuen Gartenjahres. Unsere Arbeit haben wir also in einer Zeit verrichtet, in der wenig Bedarf für Kompost ist. Den reifen Kompost können wir aber nicht liegenlassen, sonst werden die Schnecken bald Eier hineinlegen oder Schlafplätze für

den Winter einrichten. Nehmen wir uns das kleine bißchen Zeit, den Kompost in Säcke oder alte Zuber abzufüllen und lagern diese an einem geschützten Ort, bis der Kompost gebraucht wird. Die Zwischenlagerung beeinträchtigt die Kompostqualität eher positiv und schadet den Organismen im Kompost nicht.

MIST UND KRÄUTERJAUCHE

Die Kompostwirtschaft ist gut, aber als Startdünger hat der Kompost zuwenig Pfiff. Er vermag den großen Nährstoffbedarf von Kulturen wie Blumenkohl, Kartoffeln oder Zuckermais kaum zu decken – mit der Folge, daß diese Gewächse beim Nachbarn stets um einiges kräftiger sind. Mist von einem Bauern wäre wesentlich ertragsfördernder, er läßt aber auch das Herz der Schnecken höherschlagen. Den Mist deshalb mit den Gartenabfällen durchmischen und mit diesen kompostieren.

Kräuterjauche ist eine ideale Ergänzung zum nur schwach treibenden Kompost. Sie kann mit etwas Hühnermist vermengt werden und hilft nun selbst dem Blumenkohl zur Wettkampftauglichkeit mit demjenigen des Nachbarn. Aber auch hier gilt:

Wer im Sommer „erntet", hat im Frühling schneckenfreien Kompost.

Kompost streuen und oberflächlich leicht einhacken.

Keine gärende, das heißt stinkende Jauche verwenden (lockt Schnecken an!), sondern diese während einiger Tage täglich einmal kräftig rühren, bis sie geruchlos ist. Die Kräuterjauche leicht verdünnt in kleinen Portionen den Pflanzen zukommen lassen und gleich hinterher mit klarem Wasser nachgießen oder eben „nachspülen".

die Witterung erlaubt, der Boden ausreichend abgetrocknet ist und der „grüne Daumen" juckt, bereiten wir die Saatbeete – unabhängig davon, ob der Saatzeitpunkt für alle Kulturen bereits gekommen ist. Das Ziel ist, die Schollen zu brechen, die Ritzen zu schließen und dadurch den Boden für die Schnecken schlecht zugänglich zu machen.

Zu Beginn der Arbeit brin-

Im Frühling die Mulchdecke entfernen und den grobscholligen Boden gut durchhacken

DAS BEREITEN DES SAATBEETES

Im Winter haben wir den Gartenboden tief gelockert. Der Frost hat bis im Frühling wohl das Seine zum Zerfall der groben Schollen beigetragen, aber noch immer weist der Boden große Ritzen und Spalten auf. In der Abenddämmerung nach den ersten sonnigen und wärmeren Frühlingstagen werden die Schnecken langsam wieder aktiv und kommen hungrig aus dem Boden hervor. Sie suchen nach Nahrung und müssen dabei teilweise recht beachtliche Strecken zurücklegen, denn das schmackhafte Grün wächst noch nicht üppig und erst an einzelnen Stellen. Während der immer noch kalten Nächte ziehen sich die Schnecken stets in einen Unterschlupf zurück.

Saatrillen früh ziehen und den Kompost einstreuen. So erwärmt sich der Boden schneller.

Einen solchen Unterschlupf bieten ihnen unsere tief gelockerten Gartenbeete mit ihren Ritzen und Spalten, und bald dient diese Behausung als Ausgangspunkt zur Nahrungssuche.

Den Schnecken zuvorkommen

Im Frühling müssen wir deshalb schneller sein als die Schnecken. Sobald es

gen wir den reifen Kompost in der für die geplanten Kulturen erforderlichen Menge aus. Danach ziehen wir leichte Kleidung an und stellen ausreichend Getränke bereit, denn jetzt darf und soll es mit Hacke oder Krail hoch zu- und hergehen. Die Erde kräftig durcharbeiten, Schollen zerschlagen (als Richtwert dient die Stärke 5,5 auf der gegen oben nicht begrenzten Richter-Skala), rechen und nochmals durcharbeiten, bis fast sandkastenähnliche Zustände herrschen. Sind die Schollen nicht kleinzubekommen, ist dies der Hinweis, daß die organische Lebendverbauung noch nicht optimal ist (vgl. Seite 37 f.). Gegebenenfalls kann reifer Rindenkompost zur Sanierung hinzugekauft und dieser noch nachträglich eingearbeitet werden.

Nach diesem „Erdbeben" wachsam bleiben

Die Bodenoberfläche ist nun derart fein, daß die Schnecken nach ihren Ausflügen zur Nahrungssuche nicht mehr eindringen und das Beet nicht als Schlafplatz wählen können. Aber stellen Sie sich vor, wie sich

nun jene Schnecken fühlen, die im Herbst trotz Vorsorge in den Boden eingedrungen sind und noch am Schlafen waren. Sie sind total schokkiert. Und was werden sie in der Verwirrung tun? Sie tun, was auch wir tun würden.

Nach der Saatbeetbereitung Lockmittel auslegen und die Schnecken absammeln.

Sie kommen in der Nacht nach dem „Erdbeben" hervor, um nachzuschauen, was denn in ihrer Umgebung geschehen sein mag. Obwohl müde von der ersten Fitneßübung im Frühlingsgarten, sind wir in dieser wichtigen Nacht (und in den beiden nächsten) auf der Hut und fangen möglichst viele der verwirrten Schnecken. Dies ist der optimale Zeitpunkt, um die graubraunen Ackerschnecken und die kleinen Gartenwegschnecken mit der orangeroten Sohle zu erwischen. Sie haben als aus-

gewachsene Tiere überwintert. Wir können ihnen zwar bis Ende Mai nachstellen, aber ab Ende April ist der Boden bereits voll mit ihren kleinen, glasig durchsichtigen Eiern und frisch geschlüpften Jungtieren.

Jetzt die Schnecken ködern und fangen

Noch am selben Abend legen wir in den bearbeiteten Beeten feuchte Bretter aus oder stellen feuchte Tontöpfe umgekehrt auf den Boden. Unter diesen Schlupfwinkeln Köder auslegen – gehackte Küchenabfälle oder, den Star unter den Schneckenködern, aufgelöste Katzenbisquits vermengt mit Weizenkleie. In der Nacht mit der Taschenlampe und/oder am nächsten Morgen können wir die Schnecken von den Köderhäufchen ablesen.

Nur in ausreichend erwärmten Boden säen und die Deckerde stets andrücken.

Küchenabfälle in Zwischenreihen säen, und vergessen sind die Bohnenkeimlinge.

DAMIT DIE SAAT AUFGEHT

Wir haben nun das Saatbeet gut auf die neue Kultur vorbereitet und die meisten Schnecken bereits entfernt. Trotzdem bleibt das Säen ein kritischer Moment, denn bis die Pflänzchen endlich wachsen, sind die doch noch im Saatbeet wohnenden Schnecken ausgehungert.

Den günstigen Saatzeitpunkt abwarten

Die Vorfreude auf eine üppige Ernte oder Blumenpracht verleitet uns oft, möglichst früh auszusäen. Der während des Tages leicht erwärmte Boden kühlt im Verlauf kalter Nächte aber schnell wieder ab. Die Pflanzen keimen nur langsam. Die Schnecken jedoch profitieren von der kurzen Erwärmung. Sie kommen in der Dämmerung hervor, fressen sich satt und verkriechen sich wieder, sobald es ihnen zu kühl wird. Es lohnt sich daher, mit dem Aussäen abzuwarten, bis der Boden gut erwärmt ist. Die Saatrillen kann man einige Tage vorher ziehen, damit sich der Boden auch in der Tiefe erwärmt. Bei einem Kälteeinbruch die Beete mit einem Folientunnel überdecken.

Wieso habe ich nur diesen Keimling seinerzeit verpaßt?

Die Samen andrücken

Schnecken können mit ihren empfindlichen Geruchsorganen die Keimpflanzen im Boden lokalisieren und finden deshalb den Weg zu ihnen ganz gezielt. Wir können den Schnecken aber den Weg versperren: Die Samen mit einem zwischen den Händen fein zerriebenen Gemisch aus Erde und Kompost bedecken, leicht andrücken, gießen und nochmals leicht andrücken. Da die Schnecken nicht graben können, durchdringen sie diese kompakte Schicht nicht, und der Kompost verhindert, daß die Deckerde nach dem Gießen verhärtet.

Ablenksaaten anlegen

Besonders gefährdet sind kleinsamige, langsam auflaufende Pflanzenarten – Möhren, Schnittsalat und andere gehören zu dieser Gruppe. In den entsprechenden Beeten lohnt es sich, Köder- oder Ablenkpflanzen zu säen. Bleiben wir beim Beispiel der Möhren: Unmittelbar nach der Aussaat zwischen die Möhrenreihen sowie an den Beeträndern schmale Reihen Gartenkresse oder Gelbsenf säen. Die Samen keimen schneller und locken so die Schnecken früher an. Die Möhren bleiben dagegen lange Zeit unerkannt und gedeihen

prächtig. Einige Tage nach dem letzten Vereinzeln der Möhren zupfen wir die Köderpflanzen aus und legen sie vorerst noch in die Reihe. Nachts, wenn die Schnecken die ausgezupften Pflanzen fressen, entfernen wir diese mitsamt den Schnecken und übergeben sie dem Komposthaufen. Falls es trocken sein sollte, die ausgerissenen Pflanzen mit Wasser begießen, damit sich auch die letzte Schnecke aus dem Boden wagt.

Ablenkfutter „säen"

Auch die fetten Keimlinge großsamiger Kulturen wie Bohnen oder Zuckermais sind bei den Schnecken sehr beliebt. Durch Vorquellen dieser Samen unmittelbar vor der Saat beschleunigen wir ihre Keimung erheblich. Nach dem Prinzip der Ablenksaat wird anstelle der

Kresse unmittelbar nach der Saat ein möglichst buntes Gemisch aus zerkleinerten Küchenabfällen (Kartoffelschalen, Salatreste usw.) in Zwischenrillen „gesät", mit grober Erde zugedeckt und „angegossen". Für die Schnecken ist dieser Minikomposthaufen in den Zwischenrillen sehr interessant, und sie fressen sich daran satt. Währenddessen können die in ihrer unmittelbaren Nachbarschaft gesäten Kulturen langsam, aber sicher gedeihen.

TIP: Beim Vereinzeln verletzen wir stets einzelne Pflänzchen und locken somit die Schnecken besonders stark an. Wird am Morgen eines warmen Tages vereinzelt, trocknen die „Wunden" bis am Abend ein – die Lockwirkung vergeht.

Der Gelbsenf in den Zwischenreihen lockt die Schnecken vom später keimenden Schnittsalat weg.

SCHUTZ DER SETZ-LINGE

Setzlinge sind während der ersten zwei Wochen nach dem Verpflanzen schwach. Noch unzureichend bewurzelt, weisen sie oft auch Verletzungen vom Transport oder vom Zurückschneiden der Blätter oder Wurzeln auf. Die Jungpflanzen aus dem Gartenfachgeschäft haben die ersten Lebenswochen meist im Glashaus zugebracht und müssen sich an das rauhere Klima im Freien erst gewöhnen. Gegenüber diesen Pflänzchen sind die Schnecken skrupellos. Die Tiere fühlen sich aufgefordert, ihre Funktion als Gesundheitspolizisten im Pflanzenreich wahrzunehmen und begreifen

nicht, daß jemand ein besonderes Interesse an den schwachen Pflanzen haben könnte.

Nur starke Setzlinge pflanzen

Wir wählen zum Auspflanzen nur die stärksten Pflanzen aus. Setzlinge aus dem Gewächshaus oder aus dem gedeckten Frühbeet müssen vor dem Auspflanzen an die Außentemperatur angepaßt werden. Die Frühbeetkästen bleiben deshalb nun auch die Nacht über unbedeckt; Setzlinge in Töpfchen genießen den Auslauf vorerst einige Tage auf dem Gartentisch. Falls nach dem Auspflanzen ein Kälteeinbruch bevorsteht, die Kulturen mit einem Tunnel schützen.

Mischkultur bietet guten Schutz

Wer es gewohnt ist, nach dem Prinzip der Mischkultur anzupflanzen, kennt den günstigen Rhythmus von ernten und neu pflanzen in demselben Gartenbeet. Da sich die vorhandenen Schnecken auf die verschiedenen Gewächse verteilen, sind auch die Setzlinge weniger gefährdet. In den Tagen nach dem Pflanzen ist ein zusätzlicher Schutz trotzdem erforderlich.
In Beeten mit Monokultur und bei jeder Neupflanzung im Frühjahr wählen wir dieselbe Taktik wie zum Schutz der Saaten. Gartenkresse oder Gelbsenf tragen, als Begleitkulturen in Zwischenreihen gesät, dazu bei, daß die Schnecken von den empfindlichen Setzlingen abgelenkt werden. Nun müssen wir aber im voraus planen und die Begleitkulturen einige Tage früher säen als wir die Setzlinge auspflanzen. Spinat, sehr geeignet als Begleitkultur und Ablenker der Schnecken von den ersten Kopfsalatsetzlingen, könnte bereits im Vorjahr gesät werden.

Wanderschranken schützen während der ersten kritischen Tage

Nach dem Angießen und Andrücken der Setzlinge wird um jede Pflanze kreis-

Stets nur starke, an das Freilandklima angepaßte Setzlinge auspflanzen und Verletzungen vermeiden!

förmig eine dünne Schicht aus getrocknetem Mulchmaterial (vgl. Seite 50) gestreut und leicht mit der Hand angepreßt. Dies verhindert das Feuchtwerden von Urgesteinsmehl, Algenkalk oder Holzasche, die als dünne

Gurke auf dem Komposthaufen: Ein Topf ohne Boden und Steinmehl schützen sie.

Schicht darübergestreut werden. Die genannten Mittel entziehen den Schnecken den Schleim und verhindern somit die Zuwanderung – vor allem von Jungschnecken.
Urgesteinsmehl kann in jedem Garten nach Belieben verwendet werden, **Algenkalk** ist dagegen nur zu wählen, wenn der Gartenboden sauer ist (pH-Wert unter sechs). Bei der Verwendung von **Holzasche** ist mehr Zurückhaltung geboten. Sie enthält verhältnismäßig viel Phosphor, Kali-

um und Kalzium, aber auch andere Substanzen, die den Nährstoffhaushalt bei zu dickem Auftragen im Bereich der Setzlinge durcheinanderbringen. Dasselbe gilt für **Ätz- oder gebrannten Kalk**, er sollte nicht verwendet werden. In alten Büchern wird zum Teil gar der Einsatz von Kupfersulfat als Wanderschranke empfohlen – dazu läßt sich nicht mehr sagen als grauenhaft!
Die Schutzkragen um die Setzlinge sind bereits nach dem ersten kräftigen Regen wirkungslos. Sobald die Unterlage ausgewechselt oder abgetrocknet ist, muß die Anti-Schleim-Auflage erneuert werden.

Wenn der große Regen kommt

Lange Regenperioden motivieren die Schnecken nicht nur dazu, ausgedehnte Wanderungen zu unternehmen. Sie glauben auch, unter dem verhangenen Himmel pausenlos, nachts und gar am Tag, fressen zu müssen. Die frisch gepflanzten Setzlinge haben nun einen schweren Stand. In solchen Fällen hilft nur, die Beete mit einer Folie abzudecken, trockenzuhalten und die Steinmehlkragen anzubringen. Die Schnecken werden das Beet nun verlassen und außerhalb im feuchten Umfeld schwelgen.

Erst gießen, dann Mulch und etwas Steinmehl streuen.

TIP: Zum Schutz der Setzlinge können weitere Materialien eingesetzt werden wie getrocknete Tannennadeln, zerkleinerte Eierschalen oder Lavendelpulver. Das Steinmehl ist ihnen aber in seiner Wirkung überlegen.

So rieselt Steinmehl gut, aber besser auf Mulch streuen!

Optimal zur oberflächlichen Bodenlockerung: die altbewährte Zweizinkenhacke

BODENLOCKERUNG IN WACHSENDEN KULTUREN

Die Regentropfen zerschlagen an der Oberfläche die Bodenteilchen. Es bildet sich eine glatte Schicht, die beim Abtrocknen sehr hart wird. Es erfolgt nun fast kein Gasaustausch mehr zwischen dem Boden und der Luft. Als Folge ist die Aktivität der Bodenorganismen stark eingeschränkt, da

Den Krail verwenden wir nur zur Saatbeetbereitung.

sie unter „Atemnot" leiden. Die verhärtete Schicht muß deshalb von Zeit zu Zeit gebrochen und aufgerauht werden. Keimendes Unkraut wird unterdrückt und die Verdunstung verlangsamt. Was wir aber mit dieser Maßnahme nicht wollen, ist, den Schnecken Schlupfwinkel schaffen, in die sie sich tagsüber verkriechen können.

Der „Sauzahn" schafft Unterschlupf für die Schnecken.

TIP: Die Pflanzen bei der Bodenbearbeitung nicht verletzen. Verletzte Pflanzen locken nicht nur Schnecken an, die Wunden sind auch Eintrittspforten für verschiedene Krankheitserreger.

Nicht mit dem „Sauzahn"
Die Lockerung der Bodenoberfläche ist eine Arbeit, die ohne Kraftaufwand, ru-

hig und langsam ausgeführt werden soll. Es gilt, nur die obersten Zentimeter Boden zu bewegen, mal junges Unkraut etwas harsch anzugehen und stets darauf zu achten, daß das Mulchmaterial nicht zu stark mit dem Boden vermischt wird. Die **Zweizinkenhacke** läßt sich sehr schonend zwischen den Reihen führen. Der **Krail** oder die modernen

Sternhacken sind im Vergleich zu ihm breit und schwerfällig. Sie leisten bei der Saatbeetbereitung gute Dienste, zur Bodenlockerung in bereits wachsenden Kulturen werden sie aber besser nicht eingesetzt. Die Gefahr der Verletzung der Pflanzen ist zu groß, und der Boden wird, bei Verwendung des Krails wenigstens, zu tief bearbeitet.

Ein besonderes Gerät ist der Sauzahn. Er besitzt einen langen, schmalen, rückwärts gebogenen Zinken. Der Zinken wird im Boden versenkt und nun mit Kraft durch die Reihen gezogen. Absicht ist es, die Durchlüftung des Bodens bis in etwa 30 Zentimeter Tiefe zu fördern. Es mag sein, daß das gewaltsame Durchfurchen dem einen oder anderen Regenwurm tatsächlich zu einer Atemtherapie verhilft, aber den Schnecken fertigen wir gleichzeitig prachtvolle Spalten, in denen ganze Familiengemeinschaften Unterschlupf finden. Wer für seinen nun mal vorhandenen Sauzahn eine sinnvolle Einsatzmöglichkeit sucht – er eignet sich auch zum Herunterziehen von Ästen, um Kirschen oder Pflaumen naschen zu können.

Einsatz mechanischer Hackgeräte

Wer Besizer eines großen Gartens ist, hat vielleicht eine motorisierte Bodenfräse zur Verfügung; dieses Gerät leistet gute Dienste bei der Saatbeetbereitung, es kann aber auch als Reihenfräse zum Hacken und Jäten in bestehenden Kulturen eingesetzt werden. In jedem Fall ist darauf zu achten, daß der Boden im Moment der mechanischen Bearbeitung gut abgetrocknet ist, denn in nassem Boden verkleben die rotierenden Messer die Bodenpartikel. In der Folge entstehen dann harte kleine Schollen, zwischen denen die Schnecken ideale Wohnquartiere finden. Im trockenen Boden eingesetzt, tötet die Bodenfräse die meisten Schnecken, die in den Strudel der Messer geraten. Biobauern machen sich dies zunutze, indem sie am Vorabend Pflanzenabfälle in den zu fräsenden Beeten auslegen. Wird am frühen Morgen des nächsten Tages bearbeitet, erfaßt das Gerät viele der angelockten Tiere.

Von links nach rechts: Sauzahn, Krail, Grabegabel, Zweizinkenhacke

MULCHEN – ABER RICHTIG

Eine Deckschicht aus organischem Material, die sogenannte Mulchschicht, ist für den Boden optimal. Sie reguliert die Bodentemperatur – der mit Mulch geschützte Boden erwärmt sich schneller, während bei großer Hitze ein isolierendes Luftkissen entsteht. Sie reguliert die Feuchtigkeit – das Bodenwasser verdunstet durch die Schutzschicht weniger schnell. Sie schützt die Bodenoberfläche vor dem Verhärten – bei Regen prallen die Tropfen auf den Mulch und nicht direkt auf die Bodenpartikel. Und nicht zuletzt fühlen Regenwurm und Co. sich unter dieser lockeren und doch schützenden Decke pudelwohl,

zumal sie das Mulchmaterial auch gleich als Nahrung verwerten können. Zur Erhaltung und Verbesserung der Bodenfruchtbarkeit leistet das Mulchen also einen wesentlichen Beitrag.

Die Strohunterlage der Erdbeeren nicht zu früh auslegen und nach der Ernte gleich wieder entfernen!

Doch Vorsicht – wer nicht einige Grundsätze beachtet, betreibt bald ungewollt eine Schneckenzucht. Die Mulchschicht dient auch den Schnecken als Unterschlupf; sie schätzen die Feuchtigkeit, sie knabbern gern am ausgestreuten Material, und zu aller Freude ist das edlere Futter so schön nah. Da heißt es: Sofort gegensteuern!

Geeignetes und nicht geeignetes Mulchmaterial

Das Mulchmaterial darf nicht als Nahrung für die Schnecken geeignet sein. Rasenschnitt, Heu oder gar

Küchenabfälle scheiden deshalb eindeutig aus. Sehr gut eignen sich dagegen Laub vom Vorjahr, Heckenschnitt, Stroh oder Schilf. Diese organischen Abfälle müssen allerdings zerkleinert werden, sonst bauen wir den Schnecken Ferienwohnungen mit Vollpension. Der Häcksler oder der Rasenmäher leisten beim Zerkleinern und Mischen gute Dienste. Zudem muß der Mulch trocken sein. Würde er an einem feuchten, schummrigen Ort beim Kompostplatz gelagert und direkt verwendet, steckte er bestimmt voller Schnecken und Schneckeneier.

Eine dünne Schicht Trockenmulch schützt den Boden.

TIP: Das Laub im Herbst zerkleinern und an der Sonne auslegen, bis es trocken ist. Fällt im eigenen Garten zuwenig Laub an, einen Ballen Stroh von einem Bauern besorgen und den Strohhäcksel mit dem Laubhäcksel mischen. Das Mulchmaterial in Säcke abfüllen und trocken lagern.

Zuviel Mulchmaterial hat man nie, denn es kann auch in die Wege zwischen den Beeten gestreut werden und eignet sich im Winter hervorragend als Schicht zwischen den Küchenabfällen auf dem Komposthaufen.

So stellen wir Trockenmulch her: Laub und Stroh mit dem Rasenmäher zerkleinern und trocken lagern.

Nur dünne Schichten auslegen

Das gelagerte, trockene Mulchmaterial streuen wir nach dem letzten Ausdünnen der Direktsaaten oder nach dem Auspflanzen der Setzlinge aus. Diese Schicht sollte gerade so dick sein, daß der Boden nicht mehr sichtbar ist. Da der Mulch von den Bodenorganismen zersetzt wird, muß nach Bedarf zur Reserve gegriffen werden.

Spezialfälle

Zum Schutz vor Schneckenfraß und der Graufäule werden Erdbeeren – diese Praktik dürfte bekannt sein – mit Stroh unterlegt. Doch

Vorsicht: Zu früh ausgelegt, werden diese Strohpolster zur Retourkutsche. Sobald nämlich das Stroh in Bodennähe feucht wird und sich zu zersetzen beginnt, finden die Schnecken unheimlich Spaß an der Sache. Sie ziehen unter die Strohpolster und sind nun clever genug, nachts auch mal eine Portion Erdbeeren naschen zu gehen. Oder die ganz gewieften, im Strohpolster geschlüpften jungen Gartenwegschnecken wagen es, sich in der schönsten Frucht häuslich niederzulassen. Damit es nicht so weit kommt, die Strohunterlage erst dann auslegen, wenn sich die ersten Früchte rot zu färben beginnen. Nach der Ernte

das Stroh wieder entfernen. Viele Gärtner wollen die Gartenbeete im Winter besonders gut schützen. Sie legen eine dicke Schicht Laub aus und fixieren das Ganze mit einem Kunststoffnetz, wie es im Fachhandel zum Schutz vor Vogelfraß angeboten wird. Die Schnecken ihrerseits legen viele Eier im Schutz dieser Mulchpakete und halten darin auch gleich in aller Ruhe den Winterschlaf. Im nächsten Frühling findet dann bald das große Fressen statt. Die Beete im Winter bedecken ist gut. Den Mulch aber erst nach den ersten Frostnächten im Winter ausbringen und nur in einer den Boden gerade noch deckenden Schicht.

BEWÄSSERUNG

Trockenheit zwingt die Schnecken zum Verbleib in einem feuchten Unterschlupf. Dauert dieser Zwangsaufenthalt aber allzu lange, drängt der Hunger. „Riechen" nun die hungrigen Schnecken irgendwo in ihrem Umfeld Wasser, gibt

Viel Wasser auf einmal gezielt zu den Pflanzen geben und immer längere Pausen einlegen, je älter die Pflanzen sind. Das Ziel: Selbst bei Trockenheit möglichst selten gießen.

es außer warmem Sonnenschein nichts, das sie noch halten könnte. In dieser Beziehung ist auf die Schnecken Verlaß, sie verhalten sich in einer solchen Situation stets gleich.
Halten wir uns beim Gießen ebenso genau an die Regeln

zur Verhinderung der Wanderung, begrenzen wir den Schaden auf ein absolutes Minimum. Zur Taktik gibt es da nicht viel zu überlegen:

Nie am Abend gießen

Es versteht sich, daß die folgenden Tips für schönes, trockenes Sommerwetter gelten. Wenn es regnet, brauchen wir ja nicht zu gießen.
Selbst wenn es noch so verlockend nach Wasser riecht, am Morgen werden die Schnecken nicht auf Wanderschaft gehen, denn schon die ersten Sonnenstrahlen wärmen, und es verdunstet kostbare Körperflüssigkeit. Der beste Gießzeitpunkt ist daher der Morgen. Auch wenn es vielleicht bedeutet, früher aus den Federn zu hüpfen. Es lohnt sich und erspart dafür die weit mühsamere nächtliche Jagd mit der Taschenlampe.

TIP: Die Beete mit empfindlichen Neusaaten oder noch schwachen Setzlingen an heißen Tagen mit einem hellen Tuch abdecken, damit die Feuchtigkeit erhalten bleibt. Im Extremfall, bei einer Hitzewelle, das Tuch ab und zu mit Wasser befeuchten, am Abend aber unbedingt wieder entfernen.

Ein Töpfchen ohne Boden, neben Einzelpflanzen eingegraben, oder eine Gießrille neben Reihensaaten erleichtern das korrekte Wässern. Der Boden dazwischen bleibt trocken!

Die Pflanzen individuell gießen

Sprinkler sind für die Schnecken eine ganz tolle Sache. Da wird nicht nur der gesamte Boden wundervoll naß, der Geruch des verdunstenden Wassers gibt den Schnecken auch allen Mut, den sie brauchen, um selbst vom entferntesten Unterschlupf die Wanderung Richtung Kulturbeet anzutreten. Wer den Sprinkler weiterhin und gar am Abend laufen läßt, beruft spontan die Jahresversammlung der regionalen Schnekkenvereinigung ins Reich seiner Möhren, Salate und Blumen.

Besser ist es, die Pflanzen individuell zu gießen. Eine Erleichterung sind Bewässerungsrillen entlang von Reihenkulturen wie Möhren oder Porree. Bei größeren Pflanzen wie Tomaten oder Gurken können Töpfchen eingraben werden, deren Boden herausgebrochen oder -geschnitten worden ist. Die Gießrillen und -töpfchen tragen dazu bei, daß der Wurzelhals der Pflanzen trocken bleibt und „Fußkrankheiten" in der Folge kaum mehr auftreten. Und zudem erleichtern wir uns das Zielen beim Gießen.

Viel Wasser auf einmal gießen

Frisch gepflanzte Setzlinge verdienen wohl behutsame Pflege. Doch sobald die Kulturen fest angewachsen sind, folgt die Erziehung zur Widerstandsfähigkeit. Durst veranlaßt die Pflanzen, tiefere Wurzeln zu bilden. Sie ertragen nun Trockenheit besser und nehmen auch mehr Nährstoffe auf. Wir geben jeder Pflanze, je nach Größe, ein bis drei Liter Wasser auf einmal. Dann wird eine Pause eingelegt, bis die unteren Blätter am Abend zu welken beginnen und damit Durst anzeigen. Je nach Bodenart werden die Pflanzen selbst bei trockenem Sommerwetter bald eine Woche ohne Wassernachschub auskommen. Die Schnecken sitzen derweil frustriert in ihrem Unterschlupf.

Die Schnecken irreführen

Für einen hinterlistigen Streich eignet sich der Sprinkler alleweil. So kann er in der den Gemüsebeeten und Blumenrabatten entgegengesetzten Ecke des Gartens einen Regen vortäuschen – Hauptsache, die Schnecken wandern möglichst weit von den gefährdeten Kulturen weg.

Der Rasensprenger täuscht Regen vor und lockt dadurch viele Schnecken an.

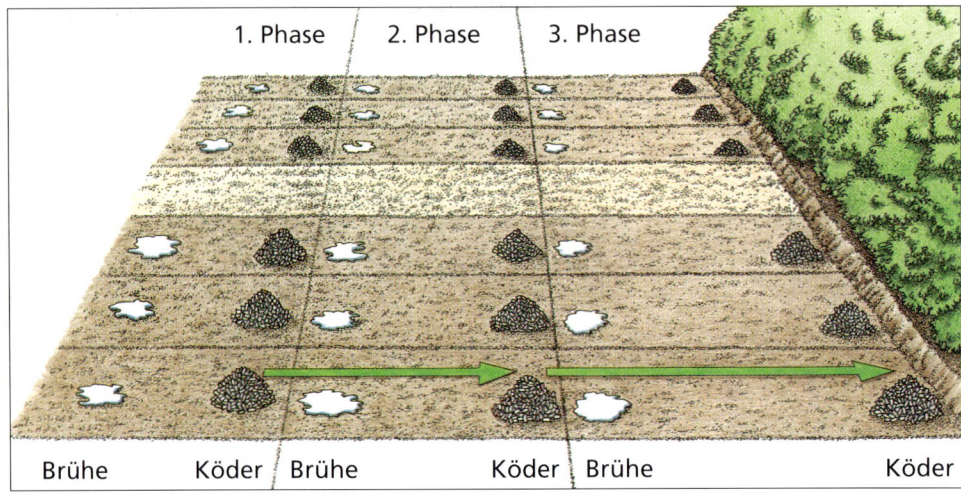

1. Phase		2. Phase		3. Phase	
Brühe	Köder	Brühe	Köder	Brühe	Köder

Die Tiere wandern gezielt von den übelriechenden Duftpunkten mit Schneckenbrühe zum Köder. Werden die Duftpunkte und Köder alle 2 bis 3 Tage um 50 bis 80 cm in einer bestimmten Richtung verschoben, sind bald alle Schnecken vertrieben.

KLEINE, DIREKTE EINGRIFFE IN DIE SCHNECKEN-POPULATION

Es dauert seine Zeit, bis Maßnahmen wie die Förderung der Nützlinge oder die Sanierung schwerer Böden wirksam werden. Solange noch viele Schnecken im Garten sind, hilft ein kleiner Trick zur Abgrenzung verschiedener Reviere, damit die Schnecken zum Beispiel nicht unter der Buschgruppe hervor in den Kulturgarten wandern oder, vom Kompostplatz her kommend, bis zu den Blumen vordringen. Wir benötigen dazu ein Mittel, das die Schnecken verabscheuen,

und einen Köder, den sie schätzen.

Als erstes eignet sich Schneckenjauche, und der beste Schneckenköder ist, wie schon erwähnt, die feuchte Mischung aus Weizenkleie und aufgeweichten Katzenbisquits oder Dosenfutter.

Die Schneckenjauche

Etwa 100 Schnecken mit kochendem Wasser übergießen (die Schnecken sind sofort tot) und bis zu vier Liter Wasser nachgeben. Die Mischung 10 bis 14 Tage zugedeckt gären lassen – jedoch nicht unter dem Küchenfenster! Mit Wasser nochmals auf die doppelte Menge verdünnen.

Die Schneckenjauche wird in kleinen Mengen an Stellen ausgebracht, an die die Schnecken nicht kriechen sollen, der Köder in entgegengesetzter Richtung, wo Schnecken getrost sein dürfen; Schneckenjauche beispielsweise an den Rand des Gartens, Weizenkleie in kleinen Häufchen in der angrenzenden Buschgruppe. Der Gegensatz von „hier schrecklich – dort lecker" löst eine gezielte Wanderung der Schnecken in Richtung des Köders aus.

Wichtig: Keinesfalls darf die Schneckenbrühe, in der Annahme, der Salat würde dann nicht gefressen, über Kulturpflanzen gegossen werden. Die Jauche enthält auch Zersetzungsstoffe, die alles andere als gesund sind.

Schneckenjagd bei Nacht

Es gibt Momente im Gartenjahr, in denen entweder das Wetter verrückt spielt oder die „Psyche" der Schnecken oder ... Dann kann es durchaus notwendig sein, mit Taschenlampe, Kessel und Gummihandschuhen oder Nudelzange auf Sammeltour zu gehen.

Auf einen dieser Momente haben wir bereits bei der Saatbeetbereitung (s. Seiten 44 ff.) hingewiesen. Weitere Sammelnächte ergeben sich aus dem Witterungsverlauf: Anhaltende Trockenheit zwingt die Schnecken zum Verbleib in einem feuchten Unterschlupf. Sofern sie überleben, sind sie bald extrem hungrig. Folgt nun der erlösende warme Landregen, veranstalten die Tiere eine riesengroße Freßorgie. Sie kann bis weit in den nächsten Morgen dauern und selbst ein, zwei Nächte später erneut stattfinden. Das gesamte Schneckenvolk ist nun auf den Sohlen. Die Tiere durchqueren natürliche Wanderschranken, fressen sogar am sonst verabscheuten Lavendel und legen größere Strecken als üblich zurück. In umfassenden Versuchen haben sich folgende Ursachen bestätigt:

Schneckenbrühe riecht elend!

Die Schnecken setzen sich den Speisezettel sehr klug zusammen. Sie sind stets bestrebt, von verschiedenen Pflanzen und Pflanzenteilen zu fressen. Bei ständig feuchter Witterung ziehen sie geruhsam mal hierhin, mal dorthin. Nach anhaltender Trockenheit stillen sie nicht nur sofort den Hunger, das Verlangen nach Vielfalt treibt sie in alle möglichen Richtungen, und sie naschen nun auch an ungewohnten Pflanzen. Die erste regenfeuchte Nacht nach langer Trockenheit ist deshalb eine Exkursion mit der Taschenlampe wert.

TIP: Die Tiere auf jeden Fall ablesen und entfernen. Nie sollten Schnecken zerschnitten und tot liegengelassen werden. Sie locken ihre Artgenossen, die das Aas fressen, aus einem weiten Umfeld an.

WOHIN MIT DEN GESAMMELTEN SCHNECKEN?

Nach dem Jagderfolg liegt es in unserer Allmacht, über Sein oder Nichtsein zu bestimmen. Wer die Schnekken lebend der Natur zurückgeben möchte und ein gutes Verhältnis zu den Nachbarn hat, bringt sie weiter weg an einen Waldrand – aber auf keinen Fall auf das Land der Bauern. Soll über das Lebensende verfügt werden, sagen Fachleute, daß das Überbrühen mit reichlich siedendem Wasser den Tod innerhalb von Sekunden herbeiführe.

Schnecken absammeln – bald nur noch sehr selten nötig!

DIE SCHNECKEN UND DAS BIER

In Sachen Bier stehen uns die Schnecken in nichts nach. Der spezielle Duft der vergorenen Mischung aus Hopfen, Malz und Gerste muß ihnen von den Zersetzungsprozessen bei Früchten bekannt sein. Jedenfalls schätzen sie Bier.

Stellen wir im Garten mit Bier gefüllte Becher auf, führt die aufkommende Restaurantstimmung zu einem Zustand besonderer Erregung und sehr schnell zur gezielten Wanderung in

Richtung Bierbecher. Auch unter den Schnecken gibt es wahre Trinker. Sie hängen sich tief in den Becher, können Lustgefühle schlecht dosieren und fallen schließlich völlig beduselt in den Gerstensaft, wo sie alsdann der Tod durch Ertrinken ereilt. Damit ist auch schon die Funktionsweise der Bierfallen erklärt. Doch aufgepaßt! Der Bierduft lockt sehr viele Schnecken in den Garten, aber nur ein Bruchteil der Tiere trinkt mit tödlicher Folge. Eine echte und auch effiziente Falle sind die eingegrabenen Becher also nicht. Als Lockmittel sind sie sicher geeignet – die versammelte Schneckenschar muß aber nachts eingesammelt werden.

In einem vollständig mit einem Schneckenzaun umschlossenen Frühbeetkasten ist diese Methode allerdings sinnvoll, da keine Einwanderung von außen möglich ist. Die Deckscheibe geschlossen halten, damit der Frühbeetkasten nicht doch mit einem Gartenrestaurant verwechselt wird!

Bierfallen locken mehr Schnecken an, als je im Bier ertrinken!

ALTERNATIVEN ZUM SCHNECKENKORN

Das in den meisten handelsüblichen Schneckenkörnern enthaltene Metaldehyd ist zwar ein starkes Gift, aber es scheint sich wenigstens im Boden nicht anzureichern, denn nach einer Weile wird es in Kohlendioxyd und Wasser zersetzt. Trotzdem suchen Forscher nach Alternativsubstanzen. Eine davon, Kupfersulfat, schien geeignet, bewährte sich aber nicht. Eisenphosphat dagegen könnte das Rennen gegen Metaldehyd machen. Ein entsprechendes Produkt ist bereits erhältlich. Giftig für Schnecken, aber völlig harmlos für Igel, Hunde und Katzen soll es sein. Außerdem zersetzt sich der Wirkstoff in Pflanzennährstoffe, er wird also zu Dünger.

BIOLOGISCHE SCHNECKENREGULIERUNG

Einen anderen Weg gehen jene Wissenschafter, die nach einer biologischen Regulierungsmethode suchen. Sie arbeiten mit natürlichen Feinden der Schnecken, versuchen diese in Massen zu züchten und in einer Form zu „konservieren", die es erlaubt, die Organismen im

die zu behandelnde Fläche besprüht. Die Nematoden verkriechen sich im Boden und befallen die Schnecken. Betroffen sind daher vor allem die unterirdisch lebenden Ackerschnecken.
Die erforderliche Dosis ist noch nicht genau ermittelt und das Preis-Leistungs-Verhältnis steht noch sehr auf der Seite des Preises. Die bisherigen Ergebnisse und Erfahrungen sind jedoch vielversprechend.

vermehrung der Schnecken durch die Förderung natürlich vorkommender Gegenspieler entgegengewirkt wird. Diese Art des Gärtnerns mit der Natur ist spannend und auf jeden Fall wesentlich interessanter als das Gärtnern nach Rezept einer Firma. Doch zugegeben – die Schnecken sind keine einfachen Partner. Sie fordern uns ganz schön

Fachgeschäft zu verkaufen. Ein erstes derartiges Präparat ist in der Schweiz provisorisch zugelassen und in England bereits auf dem Markt. Es enthält lebende „Nematoden". Diese mikroskopisch kleinen Fadenwürmer mit dem Namen Phasmarhabditis hermaphrodita sind natürlich vorkommende Parasiten der Schnecken. Während die Laborzucht gut entwickelt ist, bereitet ihre „Konservierung" noch gewisse Schwierigkeiten. Das Präparat muß jeweils frisch bezogen werden, sonst läßt die Wirkung nach. Das Präparat wird im Gießwasser aufgelöst und

Schneckenfreie Zeiten

Steht also das Zeitalter der biologischen Schneckenbekämpfung bevor? Alles deutet darauf hin. Ob es allerdings ein gutes Zeitalter wird, bleibt vorerst dahingestellt. Mit den neuen Präparaten besteht im besten Fall eine weniger giftige, aber sicher teurere Art der Bekämpfung von Symptomen. Die Ursachen rasanter Schneckenvermehrung in unseren Gärten werden damit nicht beseitigt.
Wer im Einklang mit der Natur gärtnern will, der strebt ein biologisches Gleichgewicht an, indem der an sich unnatürlichen Über-

heraus. Wir sind aber überzeugt, daß Sie bald auf Ihren Erfolg anstoßen können. Mit einem Bier? Wollen Sie tatsächlich bereits wieder von Schnecken mit lustbetont ausgefahrenen Fühlern beobachtet werden?

Nematoden parasitieren Schnecken.

Feind oder Freund?

Erinnern Sie sich noch daran, wie Sie dieses Büchlein erstmals in Händen gehalten und studiert haben? Es folgte damals eine Übung in angewandter Gartenarchitektur: Die hübschen Steinhaufen sind entstanden, ein paar einheimische Sträucher wurden gepflanzt, und auch die neuen, die Schnecken abweisenden Pflanzen erhielten in der Blumenrabatte ihren Platz.

erlernt – den Boden erst im Winter tief lockern, Schnecken fangen nach der Saatbeetbereitung im Frühling, nur gut abgehärtete Setzlinge auspflanzen, nie am Abend gießen. Diese Liste ist nicht vollständig, sind es doch zahlreiche Maßnahmen, die die Anti-Schnecken-Strategie ausmachen. So kompliziert, wie es vielleicht beim ersten Lesen den Anschein gemacht hat,

ihnen verursachten Schäden müßten jedoch bereits deutlich geringer sein, und sie werden weiter zurückgehen. Und sind wir ehrlich: Obwohl wir uns manchmal fürchterlich über die Garten-Schnecken ärgern, ein wenig bewundernswert ist diese Spezies dennoch. Beispielsweise ihre Überlebensstrategien, ihre Entwicklungsgeschichte oder ihre Formenvielfalt (Meeresschnecken!). Stöbern wir ein wenig in der „Schnecken-Literatur"!

Früher eine der wichtigsten Purpurschnecken für die Farbgewinnung, das Brandhorn

WUSSTEN SIE ZUM BEISPIEL, DASS ...

Dann der große Tag, als der Nachbar seinen Komposthaufen versetzte ...
Die kleinen Tricks bei der Alltagsarbeit waren schnell

wird es aber nicht gewesen sein. Oder doch?
Nun, ausrotten können (und wollen) wir die Kriechtiere sicher nicht. Die von

... im Altertum vielen der bunt gefärbten Gehäusen der Meerschnecken eine mythische Bedeutung zukam? Auf Zypern war die Pantherschnecke (*Cypraea pantherina*) der Liebesgöttin Aphrodite geweiht. Die jungen Mädchen trugen Schalenketten als Amulette gegen

**Kette aus Porzellan-
schnecken**

Unfruchtbarkeit. Die alten
Ägypter gaben die wunder-
schönen Schalen der Porzellanschnecken ihren Toten
mit ins Grab.

... es eine Schneckenart gibt,
die „Monetaria moneta"
heißt? Die Gehäuse dieser
Schnecken galten in China,
Japan und Indien lange Zeit
als Zahlungsmittel. Schon in
frühester Zeit gelangten sie
auf dem Handelsweg auch
nach Europa und hatten bis
ins 19. Jahrhundert Geld-
wert. Schade, daß dieses Na-
turgeldsystem später geän-
dert worden ist. Sicher
könnten sich heute alle eine
private Massenzucht von
Porzellanschnecken leisten!

... die schöne Farbe Purpur
früher aus Schnecken ge-
wonnen wurde? Schon den
Phöniziern war aufgefallen,
daß die Leisten- oder
Stachelschnecken (Muri-
cidae) in ihrem
Mantel-
raum eine
Drüse be-
sitzen, de-
ren Sekret
sich im
Sonnenlicht
über die Stufen
gelb, grün und blau
bis violett verfärbt und
die entsprechenden Flecken
auf der Bekleidung kaum
mehr zu entfernen waren.
Rund ums Mittelmeer ent-
stand so die Zunft der Pur-
purfärber. Abertausende
von Purpurschnecken muß-
ten ihr Leben lassen. Ein
eindrucksvolles Zeugnis davon liefern die sogenannten
Schalenfelder von Tyrus und
Aquileja und der berühmte
Monte Testacea (Schalen-
berg) bei Tarent.

... Napoleon seinerzeit auf
seinen großen Feldzügen im
Winter Unmengen einge-
deckelter Weinberg-
schnecken mitführte?
Als eiserne Notrati-
on gedacht, sollte
das Extrakt aus

**Falls sich
Schnecken-Ent-
zugserscheinun-
gen einstellen
sollten, empfeh-
len wir den Gang
zum Bäcker!**

tausend Tieren für die Ernährung eines Mannes
während einer Woche aus-
reichen. Ob auch die als Ge-
schmacksgeber wohl zwin-
gend nötige Kräuterbutter
mitgeführt wurde, geht aus
den Überlieferungen allerdings nicht hervor!

... Schnecken auch Heilmit-
tel sein können? Große Rote
Wegschnecken, zum Bei-
spiel, ein Exemplar nach
den Mahlzeiten unzerkaut
geschluckt, sollen gegen
Keuchhusten und Magenge-
schwüre wirksam sein. Da
aber selbst die Weinberg-
schnecken keine Packungs-
beilage im Haus mit sich
führen, fragen Sie bei Be-
schwerden weiterhin besser
Ihren Arzt oder Apotheker.

Zum Schluß wünschen wir
Ihnen viel Erfolg!

BÜCHERTIPS

Böhringer, M. u. Jörg, G.: Naturgemäßer Pflanzenschutz. Kosmos Verlag, Stuttgart 1993.
Kerney, M. P., Cameron, R. A. u. Jungbluth, J. H.: Die Landschnecken Nord- und Mitteleuropas. Paul Parey, Hamburg 1983.
Jauch, M.: Kompostieren – so geht's. Kosmos Verlag, Stuttgart 1996.
Mein schöner Biogarten: Wolff, J. (Hrsg). Kosmos Verlag, Stuttgart 1999.
Neumeier, M.: Igel in unserem Garten. Kosmos Verlag, Stuttgart 1996.
Suter, H. u. Graber, C.: Gemüse aus dem eigenen Garten. Naturbuch Verlag, Augsburg 1995.
Weinrich, Ch.: Kompostieren wie in der Abtei Fulda. Kosmos Verlag, Stuttgart 1995.

BEZUGSQUELLEN

Geeignete Schneckenzäune, -zaunelemente und Fallen, sowie Töpfe, Erden und dekoratives Zubehör bekommen Sie Im örtlichen Fachhandel (Gartnereien, Gartencenter, Baummärkten u.a.).
Sie finden diese Adressen in Ihrem Branchenfernsprechbuch. Am besten rufen Sie an und fragen, ob die von Ihnen gewünschten Materialien angeboten werden.
In einschlägigen Gartenzeitschriften können Sie sich über das weitere Angebot von speziellen Anbietern informieren.

In der Schweiz:
Bioterra, Regionalgruppe St. Gallen, Luzia Steiner, Kamorstr. 8, CH-9030 Abtwil (Bitte einen frankierten adressierten C5-Rückumschlag beilegen)

Thomas Pfau, Juchstr. 27, CH-8126 Würenlos (Schneckenzäune)

REGISTER

Halbfette Seitenzahlen verweisen auf Abbildungen

BILDNACHWEIS

Mit **86 Farbfotos** von:
Foto-Agentur Sutter/Danrigal, Lupsingen, Schweiz (S.58 u); Claudia Graber, Wohlen, Schweiz (S. 9 u, 16 u, 24 re, 26 u, 30 o, 41 u, 42 beide, 43, 44 oli, 44 ore, 45, 47 ore, 48 oli, 50 u, 51, 52);

Peter Himmelhuber, Regensburg (S. 1 re, 3, 7 o, 13, 23 oli, 28 u, 30 u, 35 li, 37 re, 38 re, 48 uli, 55 o, 56);
Juniors Bildarchiv/Kehrer, Senden (S. 5 uli);
Juniors Bildarchiv/Nordlicht, Senden (S. 19);
Alfred Limbrunner, Dachau (S. 14);

Thomas Pfau, Würenlos, Schweiz (S. 28 o);
Wolfgang Redeleit, Bienenbüttel (S. 26 o, 46, 47 li, 47 ure, 48 re, 50 o, 55 u);
Reinhard-Tierfoto, Heiligkreuzsteinach (S. 1 li, 1 M, 4, 5 ore, 11, 18, 27, 31, 33, 35 re, 37 o, 38 li, 39, 44 ure, 53);
Nils Reinhard, Heiligkreuzsteinach (S. 25 ore);
Ralf Roppelt, Sahara Werbeagentur, Stuttgart (S. 17, 36/37, 58/59 o, 59 u);
Silvestris Fotoservice/Giel, Kastl (S. 21 u);
Silvestris Fotoservice/Hecker, Kastl (S. 21 o);
Silvestris Fotoservice/Maier, Kastl (S. 34);
Silvestris Fotoservice/Rapke, Kastl (S. 32);
Silvestris Fotoservice/Scholz, Kastl (S. 41 o);
Tierbildarchiv Angermayer/ Pfletschinger, Holzkirchen (S. 2 o, 5 ure, 6, 7 u, 8 beide, 9 o, 10 drei, 12, 16 o, 20, 22, 23 ore, 23 u, 25 Mli);
Tierbildarchiv Angermayer/ Wend, Holzkirchen (S. 24 li, 25 ure);
Xeniel-Dia/Mögle/Hecker, Stuttgart (S. 2 u).

Mit **16 Farbillustrationen** von:
Horst Lünser, Berlin (S. 29 drei, 40, 49, 52, 54);
Stefan Simonis, Allmansweier (S. 4, 32/33, 43, 44, 56/57 fünf).

Mit **2 Schwarzweißillustrationen** von:
Marianne Golte-Bechtle, Stuttgart (S. 11 beide).

Mit **3 Grafiken** von:
Claudia Graber (S. 12, 15, 17).

IMPRESSUM

Umschlaggestaltung von Atelier Reichert, Stuttgart.
Umschlagvorderseite: Fotos von Dietmar Nill, Mössingen (großes Bild) und Manfred Danegger, Owingen-Billafingen (Igel).
Umschlagrückseite: Fotos von Claudia Graber (Bild links) und Peter Beck, Stuttgart (Bild rechts).
Klappe außen: Beide Autorenfotos von FotoAtelier Meyer, Wohlen, Schweiz, Tierbildarchiv Angermayer/Pfletschinger (großes Bild).
Klappe innen: Foto von Ralf Roppelt.

Mit 94 Farbfotos, 16 Farbillustrationen, 2 Schwarzweißillustrationen und 3 Grafiken.

Die Deutsche Bibliothek – CIP-Einheitsaufnahme

Schneckenbekämpfung erfolgreich und dauerhaft : [ohne Gift] / Claudia Graber ; Henri Suter. – Stuttgart : Kosmos, 1999
    Frühere Ausg. u.d.T.: Graber, Claudia: Schneckenbekämpfung ohne Gift
    ISBN 3-440-07445-5

© 1999, Franckh-Kosmos Verlags-GmbH & Co., Stuttgart
Alle Rechte vorbehalten
ISBN 3-440-07445-5
Lektorat: Christiane Theis
Grundlayout: Atelier Reichert, Stuttgart
Gestaltung: Guido Schlaich, München
Satz: Punkt Komma Strich, Deizisau
Printed in Germany / Imprimé en Allemagne
Druck und Buchbinder: Westermann Druck Zwickau GmbH, Zwickau

Extra

ÜBERPRÜFEN DER GARTENGESTALTUNG

Die folgenden Maßnahmen wirken vorbeugend gegen Schnecken:

- ▶ Standort des Kompostplatzes, der Kaninchenställe usw. überprüfen und eventuell wechseln.
- ▶ Nischen für die Nützlinge schaffen.
- ▶ Nistkasten für die Vögel aufhängen.
- ▶ Wanderschranken erstellen.
- ▶ Frühbeetkasten schneckendicht gestalten.
- ▶ Beete anlegen mit Pflanzen, die von den Schnecken gemieden werden.

FRÜHLING

Früh, sobald der Boden abgetrocknet ist und man ihn bearbeiten kann:

- ▶ Beete sauber abernten (zum Beispiel Feldsalat).
- ▶ Mulchdecke entfernen und kompostieren.
- ▶ Leichte Böden jetzt tief lockern.
- ▶ Zur Bodenverbesserung Rindenkompost besorgen und einarbeiten.
- ▶ Kurz danach den Boden als Saatbeet herrichten.
- ▶ Weizenkleie und Katzenbisquits besorgen.
- ▶ Taschenlampenbatterie aufladen.
- ▶ In der Nacht nach der Saatbeetbereitung ködern und die Schnecken ablesen.
- ▶ Schneckenbrühe herstellen.
- ▶ Strohunterlage bei den Erdbeeren nicht zu früh auslegen!

Zur Saat:

- ▶ Saatrillen früh ziehen und Kompost einstreuen.
- ▶ Günstigen Saatzeitpunkt abwarten.
- ▶ Samen mit feinem Erde-Kompost-Gemisch abdecken und andrücken.
- ▶ Gleichzeitig oder einige Tage vor der Saat Ablenkfutter in Zwischenreihen säen.
- ▶ Folientunnel bereithalten oder empfindliche Saaten gleich abdecken.

Zum Pflanzen von Setzlingen:

- ▶ Vor dem Pflanzen Ablenksaaten säen.
- ▶ Setzlinge vor dem Pflanzen genügend lange im Freiland abhärten – Frühbeetkasten nun auch nachts offenhalten!
- ▶ Steinmehl für Schutzkragen besorgen!
- ▶ Nur starke Setzlinge pflanzen.
- ▶ Die Pflanzen so wenig wie möglich verletzen.
- ▶ Nach dem Pflanzen angießen, andrücken, Mulchmaterial streuen und Schutzkragen mit Steinmehl anlegen.

GARTEN-ARBEITSKALENDER MIT BLICK AUF DIE SCHNECKEN

FRÜHSOMMER BIS HERBST

- ▶ Strohunterlage bei den Erdbeeren nach der Ernte gleich wieder entfernen.
- ▶ Zum Schutz von Saaten und Setzlingen die gleichen Maßnahmen wie im Frühling treffen.
- ▶ Bei feststellbaren Zuwanderungsstellen Abwehrmittel und Köder einsetzen.
- ▶ Bei sehr starkem Befall durch Gartenweg- und Ackerschnecken den Einsatz von Nematoden zur biologischen Bekämpfung prüfen.
- ▶ Material zum Beschatten empfindlicher Saaten wie Feldsalat bereithalten.
- ▶ Die Bodenoberfläche stets schonend lockern.
- ▶ Mulchmaterial streuen und erneuern, sobald es von den Bodenorganismen zersetzt ist.
- ▶ Zum Naschen von Kirschen den Sauzahn verwenden, nicht aber zum Lockern des Bodens.
- ▶ Mit der mechanischen Bodenfräse nur bei trockenem Boden arbeiten.
- ▶ Am Abend vor der Arbeit mit der Bodenfräse die Schnecken ködern.
- ▶ Tränken für Nützlinge aufstellen.
- ▶ Gießen stets am Morgen, nie am Abend.
- ▶ Den Sprinkler nicht einsetzen.
- ▶ Schneckenfreien Kompost herstellen.
- ▶ Folgt nach Trockenheit ein warmer Landregen, lohnt sich ein Kontrollgang nachts mit der Taschenlampe.

HERBST

- ▶ Beete sauber abräumen, leicht antreten, Ritzen schließen.
- ▶ Mulchmaterial zum Bodenschutz erst im Winter auslegen.
- ▶ Mulchmaterial für das nächste Jahr herstellen und lagern.
- ▶ Die Hühner (so vorhanden) im Garten „weiden" lassen – winterfeste Kulturen schützen!

WINTER

- ▶ Umgraben, bei schwerem Boden Rindenkompost einarbeiten.
- ▶ Grobe Schollen belassen.
- ▶ Den Boden mit Mulchmaterial schützen. Mulchmaterial eventuell mit einem Vogelschutznetz vor dem Wegwehen schützen, am Boden befestigen.
- ▶ Eventuell anfallende Änderungen in der Gartengestaltung, Haltung von Laufenten usw. jetzt schon planen.
- ▶ Anbauplan der Gemüse- und Blumenbeete für das Frühjahr erstellen.